精神の自己主張

ティリヒ＝クローナー往復書簡1942-1964

F・W・グラーフ／A・クリストファーセン◆編
茂牧人・深井智朗・宮崎直美◆訳

転換期を読む24

未來社

目次

凡例

・本書は Alf Christophersen/Friedrich Wilhelm Graf, Selbstbehauptung des Geistes. Richard Kroner und Paul Tillich — die Korrespondenz, in: Journal for the History of Modern Theology/Zeitschrift für Neuere Theologiegeschichte, 18 (2011) 281-340 の全訳及び訳者による解説である。

　翻訳にあたって、改めて両者の書簡はそれぞれの遺稿が保存されている文書館でオリジナルを確認し、編集された書簡に残されていた誤記などを修正した。また編者からの申し出で解説や註を最新のものに変更、修正した。

・本文中［　］で括られた部分は編者による挿入、あるいは解説であり、〔　〕で括られた部分は翻訳者による挿入である。

・原文で〝　〟で括られた文章は翻訳では「　」で、〈　〉で括られた文章はそのまま〈　〉で括った。

・原文中イタリックに記された言葉は傍点を付して訳した。

・原文で引用されている書物や論文のうち翻訳があるものについては原書のタイトルに続き〔　〕で括って邦訳の書誌情報を記し、邦訳の頁も併記した。ただし訳文は翻訳の技術的な都合で既存の邦訳に従っていない場合もある。

・第二部に収録した書簡及び関連諸文書のうち、英語で書かれたものについては冒頭に〔英文〕と明記し、部分的な英語の単語文章が含まれている場合には、その直後に〔英文〕と付加している。

フリードリヒ・ヴィルヘルム・グラーフ
アルフ・クリストファーセン
編

精神の自己主張
——ティリヒ＝クローナー往復書簡 1942-1964

装幀――伊勢功治

第一部　精神の自己主張

——リヒャルト・クローナーとパウル・ティリヒ往復書簡

フリードリヒ・ヴィルヘルム・グラーフ
アルフ・クリストファーセン

一八九一年のことであった。ハインリヒ・リッケルトはフライブルク大学〔哲学部〕で、アロイス・リールが指導した論文『認識の対象（Der Gegenstand der Erkenntnis）』によって大学教授資格を得た。その後、この新カント派の学者、すなわち一八九六年には正教授としてキールへ移動した彼の師〔リール〕の後継者となったリッケルトは、より若い哲学者世代にインスピレーションを与える模範的な存在になり、それに触発された若い世代もまた、互いに密接なネットワークを張り巡らすようになった。リッケルト門下には、リヒャルト・クローナー、ニコライ・フォン・ブーブノフ、ゲオルグ・メーリス、ゼルギウス・ヘッセン、そしてフィヨードル・シュテプーンがいた。彼らは、一九〇九年に「文化哲学的」で、宗教的に含みのあるタイトル『メシアについて（Vom Messias）』というタイトルの小論集の共同出版をはじめた。彼らが共同執筆した創刊の辞は、強い宗教的、文化的な改革の意志が表明されており、意気込んだ〔新しい〕出発のパトスを感じさせるものだった。この小さな本のなかで、「なんら厳密な学問性を要求していない」のだと彼らは言う。そして〔彼らを〕結びつけるのは、「共通の会話から」生じた認識であるという。すなわち、それは、現在が「偉大な創造的総合への、ますます膨れ上がる欲求」によって刻印されており、「これら〔の総合〕を通して、無数に粉砕されたゼクテや学派全体が、今日、私たちの内的生活の大部分の領域で主張しているように、私たちの時代の死んだ学問に決定的な終止符を打つために、ひとつの有機的な融合に到達すべきだ[1]」という認識であった。

今日、文化全体は、「新しい、〔これまで〕決して存在しなかった内容、生活、闘争によって獲得されるであろうものへの限りない憧憬」を表わしている。彼らは次のように述べている。「メシア的待望」は、いまや「もっとも新しい段階に」入るのだ[2]。これらの五人のリッケルト学徒たちは、決して単に「歴史上の古くさい関心」を後追いしているのではないのだ、と主張している。むしろ、「メシア的思考の典型的な布告者」に即して「メシア的理念の超個人的な内容[3]」を紹介するために、ひとりひとりがその戦いに相応しい布告者を選び出した。そのため、クローナーは――もっとも、名前を挙げてはいないのだが――フリードリヒ・ニーチェと取り組み、ブーブノフはヨハン・ゴットリープ・フィヒテと、メーリスはオーギュスト・コントと、ヘッセンはアレクサンドル・ゲルツェンと、そして最後にシュテプーンはウラジミール・ソロヴィヨフと取り組んだ。この五人の精神の同志たちは、彼らが「もっぱら宗教的内実の考察」を展開しているのではないかという印象を避けるために、自分たちの文化哲学的要求を猛烈に強調した。目標への道筋は明白であった。彼らは次のように述べた。「私たちはメシアという理念のもとで、文化全体の進歩というヴィジョンによって人間の事柄を変革するということを考え、待望された、預言者的な希望とはそのようなものなのだと理解している[4]」。

リヒャルト・クローナーは、「われわれの時代の日記からの一枚（Ein Blatt aus dem Tagebuche unserer Zeit）[5]」というあいまいな表題のもとで、唯物論への、そして一九〇〇年という画期的な年に死去したフリードリヒ・ニーチェへの力強い攻撃を開始することによって一連の論文の幕を開けた。「私たちの時代は、待望と探究の時代」、「生成〔……〕そして激動の時代」[6]なのである。私たちの時代は、生命の泉から遠ざかり、ただ「破滅」、「分裂」、そして「粉砕」[7]のみをもたらす「完全に死せる概念」によって支配されている。内容がなく、揺れ動く諸概念は、「ソフィスト的な大言壮語とソフィスト的な空虚さの世界において、理想なき世界、精神的実体なき世界、信仰と確信なき世界」という状況を特徴づけている。消えゆくのはまさに「宗教の精神」[8]だという。弱冠二五歳の著者は、次のように想起している。「まるで死神の氷のように冷たい手が、魂のあらゆる奇跡の形態を撫でたかのようである。そしていまや、あらゆる奇跡の形態は、突如として蠟人形、つまりは単なる機械のように、魂は抜け、無意味に、影のようにそこに立ち尽くすのだ。まるで吸血鬼によって私たちの生からすべての血が吸い取られたかのようだ。そしてそれらは私たちの前には、魂の諸原子の大きな瓦礫の山でしかないのだ」[9]。しかし、このような憧憬は、自らを落ち着かせることができない。より高次の存在秩序、つまり新たな生の予感が存在する。「そしてあらゆる目が、期待をもって救済者と解放者に向けられている」[10]。しかし不明瞭なままなのは、誰が「指導者と『代弁者』として登場するのかということである。クローナーは、あることを確信している。すなわち、〔それが〕超人ではないということである。なぜなら、ニーチェは「愛の福音」を伝えたのではなく、ただ「単なる力の福音」[11]を伝えただけだからである。もし、堅く基礎づけられた真実が探し求められるならば、これでは不十分だということは明らかだと彼らは言うのである。クローナーは、メシアの告知者のヴィジヨンを次のように要約している。すなわち、「私たちが望むのは、永遠から永遠へと不可侵の威厳のなかに君臨する価値と理念への強い信仰なのだ」[12]と。彼にとって真のメシアは誰なのか、クローナーは賢くも答えを保留したままである。しかし、真のメシアは熱望され、そして待望されている——「世界の神性の保証として、すべての知りうることの向こう側に存する、かの見えざる国からの使節として」[13]。

リヒャルト・クローナーが、〔彼の〕仲間たちとともに、一九〇九年に強くメシア的精神を呼び覚ましたとき、彼はすでに哲学博士号を授与されていた。すなわちリッケルトがごく短期間であったがそれを指導した博士号論文、『論理的・美的普遍妥当性（Über logische und ästhetische Allgemeingültigkeit. Kritische Bemerkungen zu ihrer transzendentalen Begründung und Beziehung）』によって、彼は一九〇八年二月、フライブルクで博士の学位を得た。二四歳という若さであった[14]。

クローナーは、一八八四年三月八日、ブレスラウで生まれた。彼の母親マルガレーテ、旧姓ハイマンは、非常に裕福な商人の家の出身であり、ラビの息子である父親、トラウゴット・クローナー（一八五四〜一八九九）は医師であった。リヒャルトの弟クルト（一八八五〜一九二九）は彫刻家になった。すでにギムナジウムの生徒のときに、リヒャルト・クローナーは〔プロテスタントの〕洗礼を受けていた。彼はヨハネによる福音書を読み、深い感銘を受け、〔改宗し、洗礼を受けることを〕決心をした[15]。一九〇八年五月一二日、リヒャルトは、すでに一八九三年に死去していた繊維業で成功を収めた実業家であり、熱狂的な自筆原稿の収集家でもあったマックス・カウフマンの娘、アリス・カウフマンと結婚した。さっそく一九〇九年三月二三日には、娘のゲルダ・マルガレーテが生まれた（アナーバーにて二〇〇二年に死去）。アリス・クローナーの妹クレーレ（一八九七〜一九四二）は未婚のまま、リッケルト家と親密に結びついていた。彼女はそのうえ、フライブルクからハイデルベルクへと、リッケルト家のあとを追った。[16] クレーレは、母親が一九四二年六月一六日に死去したあと、「ナチスの強制収容所へ強制移送される直前の、一九四二年一〇月二七日」[17]、自らの命を絶った。

大学入学資格試験のあと、リヒャルト・クローナーは一九〇二年夏学期からブレスラウで大学生活を開始した。彼は哲学と文学の分野に没入した。次の一九〇二／〇三年冬学期にはベルリンへ移動した。そこではヴィルヘルム・ディルタイ、さらにゲオルク・ジンメルが彼を魅了した。一九〇三年夏学期は、ハイデルベルクで、特にクーノー・フィッシャーとヴィルヘルム・ヴィンデルバントのもとで過ごした。冬学期と夏学期を彼は再びブレスラウで過ごし、一九〇四／〇五年の冬学期は再びハイデルベルクで過ごした。ブレスラウで一年間の兵役を務めたのち、最終的に一九〇五／〇六年の冬学期にフライブルクへ行った。ヴィンデルバントはクローナーに対し、〔研究に関しては〕リッケルトを頼るようにと助言した。そのこともあってクローナーは博士号取得後も、このフライブルクの新カント学派の学者を頼りとした。一九一二年、『生物学における目的と法則（Zweck und Gesetz in der Biologie. Eine logische Untersuchung）』[18]で、彼は大学教授資格を得た。彼はチャールズ・ダーウィン、そして自然における内在神学についての問いと徹底的に取り組んだ。注目すべきことに大学教授資格を取得するよりも前に、そして『メシアについて』の刊行直後、一九一〇年にテュービンゲンでJ・C・B・モール（パウル・ジーベック）社が刊行した雑誌『ロゴス』の第一号が出版されている。ギリシア文字が記されたタイトルの横には、ロゴスの哲学者の筆頭であるヘラクレイトスが、一九二三／二四年までの一二年間、本の扉を飾った。この「文化哲学のための国際雑誌（Internationale Zeitschrift für Philosophie der Kultur）」の企画は、フライブルクのリッケルトを取り巻くクライスのなかで、ニコライ・フォン・ブーブノフ、ゼルギウス・ヘッセン、フィョードル・シュテプーン、リヒャルト・クローナー、そしてゲオルク・メーリスによって推進され、クローナーによってその性格が決定づけられた。彼は、第三号まで、一九二四年に脱退したゲオルク・メーリスとともに編集者としての役割を果たした。[19] 一九一〇年から一九一四年までは、シュテプーン、ヘッセン（一九一一年まで）、そして音楽評論家のエーミル・メットナーによって、『ロゴス』のロシア版も編集された。このロシア版の版元は、モスクワの出版社ムサゲト（Musaget）で、一九一四年号のみがサンクト・ペテルブルグで（オットー・ヴォルフ出版社から）出版された。[20]

クローナーは、第一次世界大戦時は四年にわたって兵士だった。彼は二級、並びに一級鉄十字賞を与えられ、一九一八年一一月に中尉のままフライブルクに帰還した。[21] その後、彼は一九一九年三月にフライブルク大学の定員外教授となった。そして一九二一年、一九二三年には、初期代表作として二巻本の浩瀚な哲学史の研究書、『カントからヘーゲルまで』[22]が出版された。まさに、彼のハイデルベルクの師ヴィンデルバントのように――すなわちリッケルトとは違い――、クローナーはいまやますます新ヘーゲル派の学者としての自覚を強くしたのであった。

『歴史主義とその諸問題』のなかでエルンスト・トレルチがはっきりと指摘したことは、リッケルト門下のうちで、クローナーが「もっとも明瞭にヘーゲルに接近した」[23]ということである。

クローナーが、困難な、生涯忘れることができなかった哲学的・政治的敗北を喫したのは、一九二三年にマールブルクにおいて、〔空席が〕埋められるべき定員外教授職の選考に際して、マルティン・ハイデガーが優遇されたときであった。クローナーは自分を見失って、反ユダヤ主義をその根拠であると見なした――ハンス゠ゲオルク・ガダマーが、のちにそれを「不当」だと判断したように。[24] ハイデガーは、クローナーに関して、何度も彼が不適任であると執拗に証言したのである。彼が語ったのは、「ただ、クローナーの分厚い著書〔すなわち『カントからヘーゲルまで』〕に対する嘲弄だけであった。『このことで、彼は一生涯恥じ入ることになるだろう』、と彼〔ハイデガー〕はガダマーに語った」[25]。ハイデガーは一九二三年七月一四日に、カール・ヤスパースに宛ててきわめて否定的で辛辣な内容の手紙を書き送っている。「クローナーは、マールブルクでは、第三候補で推薦されていたのです――彼は一月に自らベルリンにまでわざわざ出向き、かの地ではいたるところで嘆きまわり、さらにはマールブルクですぐさま個人的に自分を売り出すことさえしたのです。とにかく、人間本質への嘆きは、まだ私の身に降りかかってはいません――いまや彼は老婆のように憐れまれているのです――彼に示し得る唯一の慰めは、彼からできるだけはやく、教授資格を取り上げてしまうことでしょう」[26]。ガダマーは、クローナーの伝記作者ヴァルター・アスムスに対し、伝記が送られてきたことに感謝をしたが、さらに一九九〇年になって、彼はアスムスに宛てた手紙のなかで、ハイデガーの役割を引き合いに出し、次の点を強調している。「私にとって、すべてが今日のことのようです。フライブルク時代――私が記憶しているように、多くのことはすでにこの時期、内面的に苦痛でした。私講師であることの不安、若きハイデガーの思い上がった自尊心。――管見では、彼の哲学的な働きを、あなたはひどく過小評価しています。私は当時、どれほどクローナーが、フッサールやヤスパースとは違い、ハイデガーのうちに本物の哲学者を見ていたのかを知りました。ですからクローナーがもし、ハイデガーがヤスパースに宛てた低劣な手紙を知っていたとしたら、そのことは彼をどれほど傷つけたことでしょう。しかし、ハイデガーのうちには、あらゆる教養信仰に対する村民的な反感がありました。喜ばしいのは、ハイデガーが、似通った激情のなかで私について言いたかったことを私が知らないことです……」[27]。ガダマーは、一九二三年夏学期にハルトマンの勧めでそこで学ぶことになったフライブルクでは、クローナーの教え子と見なされていた[28]。『フランクフルト新聞』で、ガダマーは、一九七七年に自身の師〔クローナー〕へのささやかな弔辞を発表し、クローナーの思い出を具体的に描き出している。「リヒャルト・クローナー自身は、ほとんど不安症ではないかと思うほどに豊かな感受性をもっており、気弱で、感傷的で、もの静かであった。ほとんど完全に自分の殻のなかに閉じこもってしまうような彼のこの慎重さのゆえに、講義のときでも、哲学的対話においても、この配慮を必要とする内面性からでてくるものが、その場に独特の緊迫感、重荷、ぎこちなさを生み出すことになってしまうのであった。しかし彼の子供のような光り輝く目が大きく開かれるようなときに、そしてその目が、やさしい微笑みが心配し震えてカーテンのひだに隠れているような思いを覆い隠してしまうときには、控えめであるが、そこからほとばしり出るような善良さが、彼の存在全体から流れだし、友人たちの心をおおらかなものにするのであった」[29]。ハンス・ヨナスもフライブルク時代を記憶していた。彼に、「リヒャルト・クローナーの思い出（In Memoriam Richard Kroner）」という表題の、二三ページにわたる晩年の著書の準備段階〔の原稿〕を送ったクローナーの伝記執筆者であるアスムスは、クローナーの宗教哲学について次のように記している。そこでは、「私自身、クローナーのことを、フライブルクでの学生の最初の年から知っていました。そこでは、クローナーは教師として、確かに（ヨナス・コーンやユリウス・エビングハウスと同様に）、私にとってはフッサールやハイデガーの陰に隠れた存在でした。そして彼とはかなりのちに、アメリカで、ときおりパウル・ティリヒとのつながりで顔を合わせました。哲学的にも個人的にも、私は彼とは近くありませんでした（彼のなにか狂信的なイエスへの敬虔さ――私の師であり友人であるルドルフ・ブルトマンの、より渋味のあるキリスト教とはまるっきり異なった――は、それどころか少しばかり私の気にそぐいませんでした）。しかし、私は、真理に身を捧げる、より純粋な精神の高貴さを、そして穏やかで繊細であっても、運命を乗り越えられる魂の人間性を常に感じていました」[30]。

キャリアの決定的な転換点は、クローナーが冬学期にドレスデン工科大学の哲学と教育学の教授の座に就いた一九二四年に訪れた。とりわけヴィクトール・クレンペラーが、彼のために――教育学教授であり、ザクセン州の国民教育省の長官である、ローベルト・ウルリヒの強い支えを受けながら――尽力した[31]。着実に、クローナーはザクセンの中心地で学者としての立場を固めることができた。彼はそのうえ、ウルリヒとともに、彼の友人フィヨードル・シュテプーンが、一九二六年四月一日にドレスデン工科大学の文化科学部門の社会学教授職への招聘を受けることを実現させた。[32] 彼は、それ以前にもすでに、パウル・ティリヒを、宗教学と社会哲学の正教授として一九二五／二六年冬学期にマールブルクからドレスデンへと招聘することに成功していた。一九二七年から一九二九年まで、ティリヒは同時にライプツィヒ大学で組織神学の嘱託教授として教えていた。ところが、ティリヒの伝記執筆者であるマリオン・パウクは、次のように述べている。クローナーは、彼の新しい同僚〔ティリヒ〕を、そのときまでただその著作で、とりわけドイツ観念論をめぐる論考においてのみ知っていたが、個人的には知らなかった。[33]

文学者クリスティアン・ヤネンツキーとヴィクトール・クレンペラー、民族学者アドルフ・シュパマー、フィヨードル・シュテプーン等とともに、ティリヒは、リヒャルト・クローナーの周りに集まり、工科大学の文化科学部門の中心を形成した、ロゴスと呼ばれたクライスのメンバーとなった。[34] 彼らの交流を明らかにするひとつの事例をここで紹介したい。一九二七年、『ロゴス』第二六巻〔原文は一六巻〕には大へん緊張に満ちた「労働団体」から参加したメンバーの論文さえ含まれていた。〔ところがなぜかこの号には〕シュパマーの論文が欠けていた。この年の第一号は重要であったにもかかわらず、予定されていたクレンペラーの寄稿論文は、ようやく次の号で出版されることになった。〔本誌の〕代表を務めたのは、ドレスデン出身の法律学の同僚、フェリクス・フォルダクであった。ティリヒは〔この雑誌に〕、「人格性の理論の克服」[35]を寄稿し、クローナーは「文化的生活と精神的生活（Kulturleben und Seelenleben）」を執筆した。

ともに莫大な財産を自由に使えた、リヒャルト・クローナーとアリス・クローナーの家には多くの客が訪れた。そしてその家はパウル・ティリヒとその妻ハンナにとって、心安い寄合の場となった。ここには、「講義、ティータイム、議論、芝居のために、しかしまた夏祭りのためにも、ドレスデンの精神的、芸術的なものの大部分」が集結していた[36]。ドレスデン、のちにリューベックで〔活躍した〕ジャーナリストのレオニー・ドッツラー・メールリンクは、回想のなかで、「少年のような魅力」を発していたというティリヒの振る舞いについても次のように描いている。「それでいて、彼は決してシュテプーンのような社交家ではありませんでした。ときどき彼は、ほとんど内気で、気後れしているように見えました[37]」。

一九二八年夏、クローナーはテュービンゲンのJ・C・B・モール（パウル・ジーベック）社から、彼の哲学にとっての綱領的な著書『精神の自己実現　文化哲学のプロレゴーメナ（Die Selbstverwirklichung des Geistes. Prolegomena zur Kulturphilosophie）』を出版した[38]。ティリヒは、友人のこの著作を、さっそく一九二八年七月二四日に『ドレスデン最新評論（Dresdner Neueste Nachrichten）』で、そして一九二九年二月には全国誌である『フォシッシェ雑誌（Vossische Zeitung）』の別冊『文学展望（Literarische Umschau）』誌で批評した[39]。ティリヒは、その著作『カントからヘーゲルまで』によってドイツ観念論の解釈者のなかで第一人者の座についた友人に、この書物〔『精神の自己実現』〕には観念論を歴史的な現象として見る体系的関心だけでなく、観念論に現代的な重要性を認める体系的関心があることを証明してみせた。ティリヒが言うには、「いまや、哲学者が、ひとつの閉じられた体系のなかで、文化意識の全範囲を方法論的にひとつの原理から導き出すことをあえてするのは稀である」。ティリヒは、自らを強く体系家と見なし、あらゆる学問的な知の緊張に満ちた統一のみならず、あらゆる人間の文化実践の統一さえも主張していたにもかかわらず、この友人に対し、究極的な統一をあまりにも調和的に、性急に肯定する〔その〕見方には問題がある、として批判したのである。クローナーは、異なるもの、否定的なものの重要性を真剣に受け取ることができずに、ひとつの統一的な原理を主張しているというのである。この批評者〔すなわちティリヒ〕が判断するところによれば、クローナーには、彼が経てきた諸段階が和解しないままで存続しているということになる。すなわち、経済と技術、自然科学と芸術、政治と宗教、歴史と哲学である。しかし、「もし、しかるべき和解の場がないならば、どのようにして和解を原理としうるのだろうか」。とりわけティリヒが問うのは、仮に罪と恩恵が弁証法的にはより大きな全体のなかに統合されうることなく、ただ「跳躍」としてのみ把握されうるのだとしたら、どこに宗教がとどまるのだろうか、ということである。したがって、ティリヒは、ここでシェリングの後期哲学、キェルケゴールの信仰のパトス、そしてまたカール・バルトの質的差異の思想と強く結びつきながら、ドレスデンの友人に対しては、――とりわけトレルチを経て伝わった――文化全体に対する間接的な対立における、原理的な「宗教の自立」ということを強調している。「もし〔……〕、本質が突き破られる場が宗教であるならば、宗教はそもそも文化体系の構成要素ではないし、宗教とは、文化体系の諸領域全体における、文化体系の動揺と転換である」。クローナーの体系は、ティリヒには調和的すぎるように思われたのである。「たしかに、私たちが現在強烈に体験している、精神領域とその既存の境界が、崩壊し、乱脈を極めて凋落していることは感じられるのだが、クローナーの体系はそれに対応できるほど十分には強くないのだ」。

他のドレスデンの友人も、クローナーの綱領的著作をかなりきびしく批判した。フィヨードル・シュテプーンは一九三一年、当時カール・ボーンハウゼン、カール・ハイム、そしてテオフィル・シュタインマンの協力のもとで、フォルスト・シュテファンが編集していた『神学と教会雑誌（Zeitschrift für Theologie und Kirche）』に、かなりの分量の批評を書いている。[40] 彼によればクローナーは「現在と未来に関する、すなわち歴史に関するヘーゲル的体系理念を救い出」[41] そうとしたのである。彼の構成は、「鉄筆のように硬くしなやか」[42] であることは明らかである。シュテプーンは、クローナーのテクストの「哲学的頂点」[43] を、ヘーゲルの精神概念とキリスト教の神をひとつの関係のなかに据える彼の試みに見出していた。もっとも、クローナー自身はそれによって自らの体系構想の限界に直面してしまったという。「クローナーによってただ神の顔が認識される。けれども、精神（自己意識）には、世界における神の場が認められるのだ。この結果、神も精神も、本当に神以上には生きられえないし、理解されえないということになる。クローナー的な構成の神は、神ではない。〔それは〕彼が教会に行くときに、絶対精神が身にまとう衣にすぎないのである」。[44] シュテプーンは次のように補足する。クローナーによって提示された神に向けて、人間は祈ることができないだろう。なぜなら、そこで神は単に形而上学的概念の地位をもつだけだからである、と。この批評家は、明らかにティリヒに影響され、クローナーがとりわけヒューマニズムと観念論に支配されすぎているという結論に達している。

「二〇世紀は、一九世紀が知っていたよりもはるかに、より急進的な神の拒否を要求するか、あるいは神の無制約性へ無制約に向かうことを要求している」[45]。クローナーは、このようなシュテプーンの批評に対し、『神学と教会雑誌』の翌年号で反論した。そこで、とくに問題となったのは、「宗教と哲学」の関係であった。シュテプーンが「宗教意識から哲学すること」を望み、「哲学者としてこの宗教意識の領域内に[46]」とどまるときに、クローナーは最終的に神を自らの諸考察の対象に引き落とすことに通じる、反省の諸段階の弁証法的特徴を問題化してはいないのである。また彼は、神を、祈りを捧げられえないものだというように叙述している、という非難に対して、決然と、論争的に反駁する。「シュテプーンと私の間の違いは、ただ次の点にある。すなわち私が把握するものの働きに目をつけ、自分が行なうことを自分の意識の俎上に載せるのに対して、シュテプーンはそのような反省なしに、すなわち素朴に哲学することを許されていると信じているという点にある[47]」。

『精神の自己実現』で論じた問題を、クローナーはアメリカ亡命中に再び取り上げた。彼は『文化と信仰（Culture and Faith）』というタイトルで一九五一年に第一版を、一九五八年と一九六六年には新たに抜本的に改訂された版を出版した。六ページにわたる序言のなかで、彼は一九二八年に出版された『精神の自己実現』と、この年に刊行された『文化と信仰』とが結びつくように彼の哲学的発展を説明している。ティリヒの批評についても、クローナーは短く次のように話題にしている。「私が文化と宗教の関係を論じた方法と同じような仕方で、彼は〔本書の〕保守的態度を批判した[48]」。ティリヒは、宗教は、文化の別の諸領域に対峙するものとして独立して扱われるべきである、と主張したのだとクローナーはいう。彼はそのうえ、すでに決定的な洞察が見出されうる、一九一九年に書かれたティリヒの「素晴らしい論説」、「文化の神学の理念について」を参照するよう指示している。「ティリヒの議論は明晰だった。著者とののちの会話は、彼は正しかった、という私の印象を強めた[49]」。特にカール・バルトの『ロマ書注解』によって代表される、最新のドイツ語圏の大学神学における「キェルケゴール〔再評価〕の動き」、とりわけハイデガーの『存在と時間』の形態での実存主義哲学は、いまや彼にこれまでの立場について熟考させることになっただろう。しかし、まずクローナー自身にとって人生史上もっとも劇的な一九三三年の破局が、彼に、ただドイツ観念論だけでなく、哲学的観念論一般の力と真理を過大評価した洞察を強いることになったのであった。「あの宿命的な年の出来事は、人間の文明とヒューマニズム一般のもろさを明快に照らし出した。そのころ、私は思考と信仰、理性と啓示、文化と宗教間の関係を再考せざるを得ないことに気づいていた。私は、哲学と神学の分離が見直されなければならないことに気づいたのだ[50]」。

　クローナーは、自身の新しい観念論的文化信仰について考え抜くことを余儀なくされる前に、ヴァイマール共和国期に、大学でさらにキャリアを積むことになった。一九二八年になって、彼はハインリヒ・ショルツの後任としてキールに招聘された[51]。一九二九年夏学期から、彼はそこでの仕事を開始した[52]。ドレスデンでは、たいへんな学内論争のあと、アルフレート・ボイムラーがクローナーの後任となった。ティリヒは、そのさい彼の哲学上の恩師であるフリッツ・メディクスが提案した〔他の〕人事のために尽力した。しかし結局は、教育学者リヒャルト・

ザイフェルトが、カトリックとしての意識が強く、のちに指導的なナチスの哲学者・教育学者として有名になったアルフレート・ボイムラーを招聘するという提案を押し通すのを防ぐことはできなかった。ヴィクトール・クレンペラーは、日記に次のように書き留めている。「クローナーの後任のことでは、さまざまな会議が開かれた。ザイフェルトを無視するような教育学部門での会議もあった［……］。ザイフェルトは情熱をもって、うぬぼれが強く、独断的でカトリック的に哲学をするボイムラーに味方しているが、私は彼にまったく共感できない。ザクセンのプロテスタントの教員の上位に、純粋にカトリック的哲学者を置けることなどありえないということを、彼はわかっていないのだ。ティリヒは『恐るべき対立』や不愉快な異物について、すぐれた発言をなしたが、その他は標準的な論評に終始した。しかし、誰も、誰一人として、この地位にカトリック的哲学は不可能だとはっきりものを言う者はいなかった」[53]。一九二九年、アルフレート・ボイムラーは理論教育学と哲学の正教授に招聘されてしまった[54]。

クローナーはキールへの招聘以降、特に国際的にはかなりの政治的影響を哲学の世界でもつようになった。一九三〇年、彼はハーグで新たに創設された国際ヘーゲル連盟の会長に選出されたのである。一九三四年までクローナーは、その職務を果たすことができ、これまで以上に広範囲に及ぶ活動への道が開け、影響範囲が広まったのである。さらに彼はキールでユリウス・シュテンツェルという刺激的な同志を得た[55]。そして一九三一年には、一九二八年の『精神の自己実現』での議論をさらに進めた『政治の文化哲学的基礎（Kulturphilosophische Grundlegung der Politik）』[56]が刊行された。この書物のなかで、彼はカール・シュミットの『憲法の番人』（一九三一年）を建設的に受容しようと苦心し、ナショナル・コンサバティヴの立場からの論証を行なった。[57]彼は、数年前に、偏見なく、受け入れ態勢が整った状態で、ヴァイマール共和国のデモクラシーの実験に遭遇していた。そのさい彼は、ヴァルター・アスムスが自らの師〔であるクローナー〕との会話から伝えているように、「ヴェルサイユ講和条約の外交による改訂」[58]を有意義なものと見なした。クリスティアン・ティリッツキーが『文化哲学的な基礎』に目配せをしながら次のように断言するとき、適切にクローナーの姿勢を説明しているといってよいであろう。「彼の同僚の論述と比較すると、彼の政党制国家、ボルシェヴィズム、そしてファシズムに関する反省は、彼の優れた政治的判断力を明らかにしている。国家社会主義ドイツ労働者党とドイツ共産党が一九三〇年九月に獲得した選挙での勝利の爪痕のもとで、クローナーは、多党化した政党民主主義のためのオルタナティヴとして、人々がその獲得のために努力をした、非現実主義的で歴史に反した幻想としての『絶対主義国家』を破壊しようと試みた」[59]のであった。

国家社会主義者の「ドイツ革命」によって、クローナーはますます圧迫を受けることになった。大学ではさしあたり、数か月のうちはもちこたえることができた。また彼は「〔第一次世界大戦において〕前線で戦った兵士」として、その身分を守られていた。しかし、彼がキールのカント協会会長に選出されたときには、一九三三年一一月一八日の『キール最新通信（Kiele Neueste Nachrichten）』で激しく非難された。[60]一九三四年一月一五日、扇動活動を行なう他の専攻の学生たちが、クローナーの大教室での講義を激しく妨害したときには、整然とした教育はもはや不可能であった。[61]また、一九三三年四月七日付の「職業官吏再建法」に基づく譴責によって、解雇される恐れがあった。クローナーがもつはずの職業官吏としての抵抗権を奪うために、彼は一九三四年五月一日の施行時にフランクフルト・アム・マインへと「移動」させられた。彼は同時に、二月に申請していた二学期の研究休暇を突然与えられた。もちろん、クローナーは、フランクフルトでは講義をもつことはなかった。彼の講座は、すぐさまゲールハルト・クリューガーが代行し、キールでは一九三四年夏学期、そして一九三四／三五年の冬学期に、当時疑似ナチス的だったハンス＝ゲオルク・ガダマーがクローナーの代行を務めた(62)。

ローマの王立大学は――哲学者であり、ファシズムの文化担当役員ジョヴァンニ・ジェンティーレの決定で――クローナーに客員教授職を依頼した。クローナーは客員教授の座に就くために旅立ったが、空しくも帰還しなければならなかった。というのも、〔客員教授職を〕引き受けることによって、ドイツでの老齢年金の受給が不利になるということが明らかになり、その不利益を解消するためには、今後もドイツで公務員としての地位に留まり続けるべきだという（最終的には、経済的に不条理な）結論にいたったからである。ところが、この公務員の地位が、きわめて不確かなものだったのだ。最終的に、クローナーは、フランクフルト大学学長ヴァルター・プラッツホフからの、退職を申し出るようにという強い要請を受け、それに従った。それと抱き合わせとなったのが、一九三五年二月一日付での、キールでの復職である。復職には、さらに翌月末に「職務上の義務」からの解放が続いた。それに加えて、〔ヒトラー内閣の〕科学・教育・文化〔国民教育〕大臣ベルンハルト・ルストが一九三五年三月六日にベルリンから通知したように、クローナーには「ヘーゲル哲学の委託研究」が与えられることになった(63)。クローナーは幻滅し、打ちひしがれ、ときどきヘルムート・クーンやフリッツ・カウフマンに連絡を取っていた帝国の首都へ向かった。この地で思いがけずに出会ったのが、ティリヒの親しい友人、ハンブルクの宗教哲学者クルト・リーツであった。リーツは、ティリヒに対し、この出会いについて一九三八年八月六日の手紙で叙述している。リーツが描いているのは――彼自身もまた明らかに幻滅していたのだが――絶望した相手〔クローナー〕の姿であった。「私は、シャルロッテンブルク宮殿の庭園から、受難日の午前に、何時間もクローナーとベルリンのヴァーンゼー、ツム・レーヴェン通りに向かって歩きながら『一緒に哲学しました』、あるいはむしろ『ともに神学しました』（時代は変化するのです）。私たちの関係は大変すばらしいものでした。ヘーゲルの栄光は、彼のもとにあっては非常に色あせたものになってしまいました。哲学は、奇妙にも退屈で些末なものとなりました。これに対して、私は、ニコライ・ハルトマンを、依然として現在のもっとも重要で、もっとも興味深い思想家だと思っています。ハイデガーは、すっかり口を閉ざしてしまったように見えます。それどころか、彼は私たちに対して、決して本質的なものについてさえも語りませんでした。ニーチェの『青緑色に朧げに光る腐敗』（会話のなかでのクローナー〔の発言〕）を、私は可能な限り回避しています。つまり、大きな寂寥感、そしてぽっかりと口を開いた、救い難く口を開いた空虚を」。(64)

クローナーにとって、『ロゴス』誌の編集者から突然排除されたこともことさらに強烈な打撃だった。(65) 彼ははじめ、そのタイトルが自分の精神的財産だと見なしていた雑誌を手放すつもりはなかった。それどころか、彼は〔もし自分が編集者から排除されるなら〕新しいタイトルとして、ニーチェの表現である『善悪の彼岸』を提案してさえいたのである。[66] ハインリヒ・リッケルトは、編集者としてクローナーを解任するなかで、恥ずべき役割を果たした。というのも、彼は再三、『ロゴス』という選り抜きの概念の原作者がクローナーであることを強調し、そうすることでクローナーの立場を明らかにしようとしたからである。[67]〔つまりこの雑誌はクローナーの指導のもとにあるので廃刊となるのだと編集者に言わせたのである。〕オスカー・ジーベックは、『ロゴス』の刊行を、最終的に一九三三年に停止した。その後、さっそく翌年には、定期刊行物が――編集者として、カール・ラーレンツとヘルマン・グロックナーを伴い――〔「ドイツ文化哲学誌、ロゴスの新しい続巻」として〕『文化哲学のための雑誌　ロゴスの新しいシリーズ（Zeitschrift für deutsche Kulturphilosophie. Neue Folge des Logos）』というタイトルで、再び創刊された。〔この雑誌は、〕いまや完全に、ナチスの民族共同体思想と、特殊なユダヤ人排斥に適合した路線に〔向かった〕。[68]

グロックナーは、一九三四年一〇月に刊行された第一号の巻頭を、『ドイツ哲学』をテーマにした、原理的な論文で飾った。[69] 原稿の削除を求めたオスカー・ジーベックに対し、彼は明瞭に反ユダヤ主義を表明した。彼はこの「ユダヤ的な哲学に関する章を削除、あるいはむしろ、ひとつの脚注へと切り詰めた」。そしてこの脚注もまた削除されることになった。最終的に印刷されたものにはこの文章はなかった。新しい編集者は次のように述べている。「私も、クローナーのことを考えるなら、最初の論文が、紛うことなく反ユダヤ主義的であることに懸念を抱いています。もちろん私が望んでいるのは、ユダヤ人の寄稿者でもなければ、ユダヤ人執筆者の著作の批評でもないのです[70]」。第一号冒頭の二ページの序論において――ラーレンツ、グロックナー両編集者、そしてJ・C・B・モール（パウル・ジーベック）社出版の署名が記されている――、「長年、編集者として貢献してきた」[71]リッケルトとクローナーについて言及されている。新しい責任者たちが言うには、「哲学的ジャーナリズムから離れて、さらに歴史主義から遠く離れて私たちが望むのは、歪曲化や皮相化からドイツ哲学の永遠の内実を守ることだ。この内実を今日の体験から、私たちの時代のために、新たに形作るために」[72]。

ベルリンでも、クローナーに対する状況は、いよいよ危険なものになっていった。一九三八年一一月、彼はイギリスへ飛んだ。昔のキールの同僚、国家社会主義者であり、国民経済学者であるイェッセンは、クローナーのためにパスポートを調達してくれた[73]。さらに、逃亡のさいには、クローナーの弟子であるマイケル・B・フォスターが決定的な役割を果たした。まず、彼はオックスフォードへ行き――クローナーはマンチェスター大学[74]とクライストチャーチで講義を受け持った――、その後、一九三九年一二月、アメリカへ渡った。また〔渡米〕直前の一九三九年一〇月一八日から一一月二五日にはセント・アンドリューズで有名な「ギフォード・レクチャー」を担当した。この講義は、一九四三年になってニューヨークで、『信仰の優位性（The Primacy of Faith）』というタイトルで刊行された[75]。オックスフォードでクローナーはラインホルド・ニーバーの神学にも目が開かれた。彼自身が表現しているように、それは決定的な体験であった。『文化と信仰（Culture and Faith）』の序言で、クローナーはのちに次のように記している。「私はイギリスのオックスフォード近郊に、のちの〔セイシル・E・〕ビショップと共に数週間住んでいた。ある日、彼は私に一冊の本を渡してくれた。その本はたちまち私を魅了し、私の知性と同様に心を高めた。そのタイトルは『悲劇を超えて（Beyond Tragedy）』であった。これは、私が必要としていた、そして私自身の信仰に不思議と符合する、まさにインスピレーションと慰めに満ちた本であった。そこで、私は、その名前をこれまで聞いたこともなかった著者、ラインホルド・ニーバーの弟子となったのである」[76]。この時代の神学者たちのなかで、ニーバーとティリヒに比肩するのは、カール・バルトである。クローナーは、バルトと接近し、その思想と取り組むなかで自らの立場を確立した。また、第一次世界大戦後の時代になっても、実質的にますますバルトに同調していった。二人は一九二五年末から一九二六年初頭の間にゲッティンゲンで少なくとも一度は個人的に面会していた[77]。この時代バルトのキリスト中心的な啓示概念は、クローナーを魅了した[78]。

一九四〇年、クローナーは、モントリオールのマクギル大学から一九四二年四月までの期限付きの招聘を受けたが、彼はこれに応じることができなかった。というのも、フランスが占領されて以来、彼はドイツ人として抑留される恐れがあったからである[79]。それでも、彼は特別な講演を行なうことで「約束された給料のかなりの部分を受け取った」[80]。招待講演のあと、例えば、ハーバード、あるいはウェスレー・コレッジやイェール大学からの招聘の話があったのだが、いずれも実らなかった。しかしラインホルド・ニーバーとパウル・ティリヒが尽力し、クローナーは、ニューヨークのユニオン神学校で、一九四一／四二年冬学期になって、一九四五年まで恒常的に続いた宗教哲学に重点を置いた客員講師の地位を得た。

パウル・ティリヒは、一九四一年、ドレスデン時代からのこの親友に、『ニューヨーク市ユニオン神学校季報（Alumni Bulletin of the Union Theological Seinary）』で挨拶を述べた〔本書第二部補遺1〕。彼がクローナーと一九二五年にドレスデン工科大学で知り合ったとき、親友はすでにきわめて有名な哲学者であったという。エルンスト・トレルチや他の人たちとともに、彼〔クローナー〕は有名な『ロゴス』を創設したと記されていた。「社会科学や歴史学、また神学や哲学における偉大な学者たちが寄稿するようになった有名な雑誌『ロゴス』を創設したことによって人々にその名を知られていた」。ティリヒがいまだに良く思い出すこととして語ったのは、クローナー、そして共通の友人であるフィヨードル・シュテプーンとの神学的・哲学的議論である。そのときクローナーは、キールで「学問的成功の絶頂」に達していたが、国家社会主義によって、あらゆる教育と出版の可能性が奪われた。クローナーの著書『カントからヘーゲルまで（Von Kant bis Hegel）』は、「近代思想史についてのもっとも重要で、もっとも頻繁に繙かれている書物」と見なされうるという。そして最後に古典的観念論の専門家として、クローナーは、神学と哲学に手堅い貢献をもたらすことができるであろう、と述べている。

　クローナーは、〔ユニオン〕神学校での教職活動を、「ドイツ古典哲学における宗教の再解釈」というテーマの「ヒューエット講義」で始めた。彼は、五回の日程、すなわち一九四一年一一月一八日、二四日、二六日、二八日、そして一二月三日で彼の哲学史に関する見方の主要な論点を明らかにしている。すなわちそれは「いかにして私たちは神を知るのだろうか[81]」である。クローナーは、一九五二年に定年退職するまでニューヨークにとどまった。また彼はその後、一九五四／五五年の冬学期まで、フィラデルフィアのテンプル大学で教えた。そのために彼はフィラデルフィアに、一九五二年、夫人と共に引っ越した。

パウル・ティリヒとハンナ・ティリヒは、リヒャルト・クローナーのみならず、アリス・クローナーとも良い関係にあった。今日まで残っている手紙のうちで保存されている最初の手紙は、一九四二年六月一六日にアリス・クローナーの母親ルイーゼ・カウフマンの死に対する〔ティリヒの〕お悔やみの手紙である。個人的な体験から、このときまだ相手に敬称を使っていたティリヒは、ただ次のように述べることができるだけだと記している。すなわち、「私は、私自身がいまのあなたのような経験をしたときに、すなわち私が妹や父を亡くし、あなたと似た経験をしたときに、人格的で、何かと比較することなど不可能な生が、時間の限界のなかで現わされうる生よりも大いなるものを意味しているという確信を失うことはなかった、ということをお伝えしたいと思うのです[82]」と。保存されている次の手紙は一九四六年八月一〇日付の手紙である。リヒャルト・クローナーは、ティリヒの還暦の誕生日を祝い、この特別な日を、アメリカの地で生活基盤を整えることがクローナーにとって死活問題であったときに、〔ティリヒが〕力添えをしたことについて、友人に感謝を述べる機会にした。クローナーは、一貫して情熱をもって告白している。「私は、きみが決して、この世界を手に入れるために、きみの魂を放棄することはないということを知っています。そしてこのことは、おそらく人間について語りえることのなかで最高のものでしょう。歳をとり〔老いる〕ということさえも、きみという存在の深さを曇らせ、消してしまうことなどできないでしょう。たとえ、歳をとるということで、予想されうるような出来事、すなわち多くのことを断念し、禁欲的にならざるを得ないということがそれを要請したとしても〔そんなことは起こらないでしょう〕。私は確信しているのです。あなたがもつこのような精神の創造力は、来たる一〇年間にさらに広がってゆき、その頂点に達することでしょう[83]」。

往復書簡は、文通相手たちの特別な親密さを示している。クローナー一家がフィラデルフィアへ引っ越したときも――ティリヒは、「美しい郊外の町を含めてフィラデルフィアは、決して愕然とするような地の果てではありません」と慰めている[84]――連絡は取り続けていた。というのも、ティリヒがドイツ人街のユニテリアン教会で説教をするため、定期的にフィラデルフィアを訪れていたからである[85]。彼のドイツ滞在中に得た印象についても、例えば一九五二年に次のことを強調して、伝えている。「ドイツでは、その途方もない活力に感銘を受けました。反動が再び目覚めることについての危機感があちらこちらに見られます[86]」。

ティリヒとクローナーの間の神学・哲学議論の内容が、まさにこの書簡のなかに表われ出ている。例えばクローナーの三部作、『哲学史における思弁と啓示（Speculation and Revelation in the History of Philosophy）』（一九五六～一九六一年）、あるいはティリヒの『組織神学（Systematic Theology）』（一九五一～一九六三年）といった双方の新刊書に関する貴重な情報が見い出され、それが中心である。クローナーは、一九五七年六月にティリヒに宛てて「第二巻は、〔第一巻のなかでは〕明瞭になっていなかったいくつかの点を説明してくれていますし、私はこの巻が非常に精巧で、示唆に富んでいて、力強いものだと感じています[87]」と書いている。クローナーが認識させられたことは、彼が、ティリヒの『組織神学』を、まさにルドルフ・ブルトマンやカール・バルトの著作と比較もして、それを非常に高く評価すべきだということである。これは、一九五九年、クローナーが『キェリュグマと神話（Kerygma und Mythos）』叢書の特別号で非神話化の問題に取り組んだときに明らかになる。彼が、自分の読書の結論として伝えたのは、ここで、「カール・バルト」の見解を、「最悪のもの、きわめて不適切なもの、不十分なもの、またそのうえほとんど真実でないもの」と感じたということである。また次のようにも述べている。「ブルトマンの説明は、現代の自然科学に対する妄信という先入見に捕らわれているように思えます[88]。そんななかで、私はきみがきみ自身の受肉や復活についての体系のなかで説明しなければならなかったことについても読んだのです。そしてこう思ったのです。きみの立論は、今日のヨーロッパの神学者たちがそのことについて語っていることすべてよりはるかに満足のいくものですし、それらすべてのなかでもっとも深い議論だと思いました[89]」。

ティリヒの七五歳の誕生日に際して、クローナーは、一九六一年に再び次のように記し、彼らの友情の特色を印象的に表現した。「パウルス、私がきみとの個人的な関係について言いうる最善でもっとも真実なことは、私は、きみに逢えたことを大きな幸運だと、摂理によって私に与えられた贈り物であると考えていることです。この出会いから生じたものは計り知れません。それは私の思索の方向性を決定的に規定しただけではなく、私の魂に対しても幸いなる帰結をもたらしました。それが私の内面的な運命を形成したのです。私にとっては外面的なことよりもずっと重要なものだと思われる内面的な運命を形成しているのです。そのことが、世俗的な観点だけでなく、精神的な観点でも私を『救ってくれた』のでした[90]」。

したがって、パウル・ティリヒは、リヒャルト・クローナーにとっても重要な他者であった。というのも、二人は、どちらも結局ドイツへ戻らないという結論に到達したからである。すでに一九四六年、クローナーはキールで教授職を再び引き受けるようにと依頼を受けていた。しかし哲学者ヴァルター・ブレッカー（一九四八年、彼はロストック〔大学〕からクローナーの後任としてキールの講座に招聘された）は、一九八七年一〇月二九日、この件についてアスムスに以下のように伝えている。「クローナーは、招聘されたわけでも、『非公式な』問い合わせを受けたわけでもありません。そうではなく、シュレースヴィヒ・ホルシュタイン州政府の通達を受け取ったのです。彼は講座の正当な担当者として遇され、『この職を再び引き受けるように』要請されたのです[91]」。これに対して、クローナーはいくらか躊躇ったあとで、キールへ帰ることを決心した。ところが、大学は彼を、すでに一九四七／四八年冬学期以降、「職員名簿とシラバス」で、再び「正教授」の項目に載せていたのであるが、その記載は、「『定年退職、講義なし』リヒャルト・クローナー、哲学博士、一九二四年八月八日、ニューヨーク二七、クレアモント通り九九――哲学[92]」〔となっていた〕。つまり彼はナチスの時代の法が停止することによってただちに正教授としての立場を回復したが、すでに定年退職者となっていたので、その講座を担当することはできなかったのである。それゆえに彼は招聘の通知を受け取ったのではなく、地位の回復が確認されただけであった。したがって彼はすでに退職した教授として一九五〇年から自ら願い出た給料も年金も受け取った[93]。一九五一年夏、クローナーは妻とともに終戦後初めて再びドイツへ旅し、そしてキールで特別講義を行なった[94]。一九三三年五月一日以来ナチスの党員であり、彼の師ゲオルク・ヴォッバーミンのように、ヴァルター・グルトマンのドイツ人の教会生活におけるユダヤ的影響の研究と除去のための研究所（Institut zur Erforschung und Beseitigung des jüdischen Einflusses auf das deutsche kirchliche Leben）と関係のあったマルティン・レデッカーは、『フレンスブルグ日報（*Flensburger Tageblett*）』で、「今日のアメリカにおける哲学と神学の関係」というクローナーの講義について次のように要約している。[95]「ただ宗教的人間だけが真理を見ることができるということ――そしてこれはドイツのヘーゲル研究者であるクローナーの告白であった――を固く確信し、真実らしく見せる思想家たちまで」もいた。「実証主義の地盤の上では厳密に学問的な哲学と神学は不可能である。しかし本来的な意味での精神科学は、ドイツからアメリカへ輸入され、R・ニーバーやP・ティリヒのようなドイツ出身の学者たちによって提唱されている。彼らの思想は、生き生きした理性という楽観主義が意味をもっている限りで、アメリカでさらに重要になっている[96]」。

「国際ヘーゲル協会」は、クローナーを一九六二年の大会で名誉会長に任命し、クローナーはこれに伴って開会の特別講演を担当した。彼は、ヘーゲルが、「哲学と神学が究極的には同一のものであり、信仰内容が概念的に把握されうるものであるという揺るぎない信頼で満ちていた」ということを強調した。「もちろん、ヘーゲルは、概念を、彼以前の思想家と違って弁証法的な深みにおいて理解しました。いや、それどころか、彼は思弁的概念だけが啓示の神秘を適切に表現することができるということ、つまりルターの怒りと驚きを引き起こしたという命題を信じたし、また、そう語ったのでした[97]」。深刻な心臓と肺の病気に苦しんだアリス・クローナーは、夫に同行して一九六二年にハイデルベルクへ行くことができなかった。彼女は、一九六八年二月二四日タール病院（スイス、セントガレン）で息を引き取った[98]。リヒャルト・クローナーは一九七四年一一月二日、シュロス・マメルン・クリニックで亡くなった。彼の骨壺は、その前にすでに彼の母親と妻〔がそこに埋葬されたように〕、リッチモンド（サリー）に埋葬された[99]。

テュービンゲンの出版社J・C・B・モール（パウル・ジーベック）社からクローナーは一九六九年、自由と恩寵の関係という問題と根本的に取り組んだ小さな書物を刊行した[100]。二ページの序文のなかで、彼はこれまで英語圏で出版された書物を読んでいないドイツの読者に自己紹介をしている。一九三八年に起こった「移住」は、彼の「実質的・思想的生活を新たな道に導き」もした。クローナーは、さらに次のように強調している。「哲学者は次第に神学者へと姿を変えました。私は、哲学と神学との近代的な分離が根拠のないものとなったことを認識したのです」。「ヒトラー革命」を通して、彼は「『道徳理性』の脆さ」をより深く理解するにいたったのだという。そしていまやこの著作で論じられている「自由と恩寵、あるいは倫理と信仰[101]」の関係が、彼にとって常に切実な問題であることが明らかになったのである。クローナーの論文は、もし人間が自らが神によって導かれていると理解するならば、人間はそもそも罪の感情を理解できるのか、という問いに導かれると言う。神と人間は、罪の感情と神の導きによってこの場所で出会うのだという。人間の罪は、意識的な意志決定に基づいている。そしてただ神の恩寵だけが、神からの疎外を止揚することによって、絡め取られているものから人間を自由にすることができるのだという。そしてクローナーは次のように強調している。「自らの主体性を誇る近代の人間は、それゆえ恩寵を断念すべきだし、断念することができると考えている。近代の人間は自らを理解していないのだ。彼は自らの能力と自由を過大評価し、あらゆる人間が、最良の人間さえもが背負っている困難と罪を過小評価している」[102]。もし、このことが認識されず、人間が神の恩寵という救済の力を理解しないならば、「自己破壊」、「倒壊と没落」にいたるのだという。恩寵、そして恵み深い神への望みは、道徳的な自由と創造的な活動を頑なに主張することを抹殺しないのだという。「それはむしろ、自由と恩寵、自律と神律の均衡であり、この均衡は私たちを、どちらか一方に固執することから守ることができる。ただ与えられた自由だけがこの偉業を成し遂げることができるのである」[103]。

（1）Richard Kroner, Nikolai von Bubnoff, Georg Mehlis, Sergius Hessen und Friedrich Steppuhn, *Vom Messias. Kulturphilosophische Essays*, Leipzig: Engelmann, 1909, III.
（2）Kroner u. a., *Vom Messias*（註1）, III.
（3）ibid., IV.
（4）ibid., V.
（5）Richard Kroner, „Ein Blatt aus dem Tagebuche unserer Zeit." In: ders., u. a., *Vom Messias*（註1）, 1-10.
（6）ibid., 2.
（7）ibid., 4.

（8）ibid., 5.

（9）ibid., 6.

（10）ibid., 7.

（11）ibid., 8.

（12）ibid., 9.

（13）ibid., 10.

（14）博士号請求論文の自著紹介を参照のこと。*Kant-Studien* XIII (1908), 497f. そのなかでクローナーは、リッケルトの認識理論によって決定的な衝撃を受けたことを強調し、さらに次のように述べている（ibid., 497）。「この論文は批判的基盤に立脚している。論文の主目的は、美的判断の普遍妥当性と超越論的・論理的普遍妥当性という、カントが判断力批判のなかで叙述した関係を確認することにある」。

（15）Walter Asmus, *Richard Kroner (1884-1974). Ein christlicher Philosoph jüdischer Herkunft unter dem Schatten Hitlers*, 2., überarb. und erg. Aufl., Frankfurt u. a.: Peter Lang, 1993, 14.〔ワルター・アスムス著『ナチ弾圧下の哲学者――リヒャルト・クローナーの軌跡』、島田四郎・福井一光訳、玉川大学出版部、一九九二年〕――アスムスはPestalozzis Theorie der Menschenführung, Berlin: Junker und Dünnhaupt, 1934という論文で、一九三三年にクローナーを主査として、ケルンにて哲学博士号を授与された。

（16）Hermann Glockner, *Heidelberger Bilderbuch. Erinnerungen*, Bonn: Bouvier, 1969, 211-213. を参照のこと。母親が相続した財産で生活していたクレーレ・クローナーは、リッケルトとその夫人をほぼ毎日訪問していた。彼女は彼らから娘のように愛されていた。

（17）Asmus, *Kroner*（註15）, 133. さらに一九四三年四月、クローナーの娘婿、ルドルフ・ゼーリッヒゾーンも、従軍しイギリスで病死した。

（18）これに関しては（註14）の自著紹介（ibid. 527f.）を参照のこと。

(19)『ロゴス』誌とその成立については以下を参照のこと。Rüdiger Kramme, „‚Kulturphilosophie' und ‚Internationalität' des Logos im Spiegel seiner Selbstbeschreibungen." In: Gangolf Hübinger/Rüdiger vom Bruch und Friedrich Wilhelm Graf (Hg.), *Kultur und Kulturwissenschaften um 1900, Bd. II: Idealismus und Positivismus*, Stuttgart: Franz Steiner, 1997, 122-134; R. Kramme, „Philosophische Kultur als Programm. Die Konstituierungsphase des LOGOS." In: Hubert Treiber/Karol Sauerland (Hg.), *Heidelberg im Schnittpunkt intellektueller Kreise. Zur Topographie der „geistigen Geselligkeit" eines „Weltdorfes": 1850-1950*, Opladen: Westdeutscher Verlag, 1995, 119-149; Fedor Stepun, *Vergangenes und Unvergängliches. Aus meinem Leben, Erster Teil: 1884-1914*, München: Josef Kösel, 1947, 152.

(20) Michail Bezrodnyj, „Die russische Ausgabe der internationalen Zeitschrift für Kulturphilosophie ‚Logos' (1910-1914)." In: Treiber/Sauerland (Hg.), *Heidelberg im Schnittpunkt*（註19）, 150-169. を参照のこと。

(21) アスムスの報告を参照のこと。*Kroner*（註15）, 29.〔三七頁〕——アスムスの伝記については以下を参照のこと。Otto Pöggeler, „Zur Diskussion. Eine nötige Erinnerung an Richard Kroner." In: *Archiv für Geschichte der Philosophie* 74 (1992), 203-213. ——アスムスとクローナーの伝記については特に以下を参照のこと。Friedbert Holz, „Art. Kroner, Richard." In: *Neue Deutsche Biographie* 13 (1982), 84-86. 一九六一年までの伝記については次のような著作がある。in: John E. Skinner, *Self and World. The Religous Philosophy of Richard Kroner*, [Philadelphia:] University of Pennsylvania Press, 1962, 123-133.

(22) Richard Kroner, *Von Kant bis Hegel*, 2 Bde., Tübingen: J. C. B. Mohr (Paul Siebeck), 1921/23, ^{2}1961, ^{3}1977, 4. Aufl.,〔その後内容に〕変更のない再版は、一九六一年、二〇〇六年〔に刊行されている〕。〔リヒャルト・クローナー著『ドイツ観念論の発展——カントからヘーゲルまで』I、上妻精監訳、福田俊章・松崎俊之・宮島光志訳、理想社、一九九八年、同II、上妻精・北岡崇監訳、高野敏行・菅原潤訳、理想社、二〇〇〇年〕

(23) Ernst Troeltsch, *Der Historismus und seine Probleme. Erstes Buch: Das logische Problem der Geschichtsphilosophie*

(1922), 2 Teilbände (KGA 16/1. 2), hg. von Friedrich Wilhelm Graf, Berlin/New York: de Gruyter 2009; hier Teilband 1, 351 Anm. 71.〔エルンスト・トレルチ著『歴史主義とその諸問題　第一巻　歴史哲学の論理的諸問題』、近藤勝彦訳、一九八〇―八八年、ヨルダン社〕。トレルチは、リッケルト、そしてヴィンデルバントの発展途中の思想において、「非合理的要素」と対決するという文脈のなかで、『カントからヘーゲルまで』から一箇所引用しており、この箇所で、クローナーは、リッケルトは、「彼にとって、『カントと彼の世界観問題に関する体系は、今日もはや十分ではないのだ』」ということを明らかにしたと述べている。そのさい、彼は、「『ある意味でヘーゲルと精神の似通った詩人』として」ゲーテに注目したという（s. Kroner, *Von Kant bis Hegel*〔註22〕, Bd. 1, 1921, 25f., Anm. 1）。――クローナーは、おそらく『ロゴス』誌の編集者のなかで唯一トレルチが一九二二年一〇月一三日にオスカー・ジーベックに対して列挙した『歴史主義とその諸問題』第一巻の献呈本の三〇人の受取人のうちの一人とされている（F. W. Graf, „Editorischer Bericht." In: Troeltsch, *Historismus* (s. o.), 83-157; hier 146f.）。

（24）ハイデガーのマールブルクへの招聘については以下を参照のこと。Asmus, *Kroner*（註15）, 30-32〔三九―四一頁〕; Rüdiger Safranski, *Ein Meister aus Deutschland. Heidegger und seine Zeit*, München: Hanser, 1994, 155f. ――ニコライ・ハルトマンはクローナーのために尽力したが、それは成功しなかった。この点については以下を参照のこと。Jan Grondin, *Hans-Georg-Gadamer. Eine Biographie*, Tübingen: Mohr Siebeck, 1999, 112. ――また反ユダヤ主義に関しては以下を参照のこと。Hans-Georg Gadamer, *Philosophiesche Lehrjahre. Eine Rückschau*, Frankfurt am Main: Vittorio Klostermann, 1977, 52.〔ガーダマー著『ガーダマー自伝――哲学修業時代』中村志朗訳、未來社、一九九六年、六一頁〕

（25）Grondin, *Gadamer*（註24）, 116.

（26）Martin Heidegger an Karl Jaspers, 14. 7. 1923. In: *Martin Heidegger/Karl Jaspers, Briefwechsel*. 1923-1963, hg. von Walter Biemel und Hans Saner, München/Frankfurt am Main: Piper/Vittorio Klostermann, (1990) 1992, 40-43; hier 40f.〔W・ビーメル／H・ザーナー編『ハイデッガー＝ヤスパース往復書簡』、渡邊

二郎訳、名古屋大学出版会、一九九四年、四五頁〕さらに、一九二二年一一月一九日、ハイデガーはヤスパースに向かって次のように書いている。「クローナーは〔……〕、それゆえおそらく第一候補に立つでしょう——彼は『年配』ですし、とりわけ〔彼の著作で割かれた〕多くの頁〔によって〕」(ibid., 33-35; hier 34)。

(27) 一九九〇年二月一日に、ハンス＝ゲオルク・ガダマーからヴァルター・アスムスに宛てた手紙。ハイデルベルクより発送。(Nachlass von Richard, Alice und Greda Kroner in der Seligsohn Kroner Family Collection, 1850-1990: Leo Baeck Institute, New York〔以下 LBI と略す〕Briefkopie)

(28) Grondin, *Gadamer*（註24）, 91, 112; Gadamer, *Lehrjahre*（註24）, 32〔三四、三五頁〕も参照のこと。「ニコライ・ハルトマンは私をリヒャルト・クローナーのもとへ行かせた。ハルトマンはクローナーの著作『カントからヘーゲルまで』に非常に感心していた。ハイデガーの傍らにあって、クローナーの教師としての立場は苦しいものだった。そして、ハイデガーの教育に関する集中力とエネルギーは、私に、他のことを、過去に体験したことのいっさいまでをも——あるいはシェーラーを除いて——色あせて見えさせていたということを認めざるを得ない」。

(29) Hans-Georg Gadamer, „Erinnerungen an Richard Kroner.“ In: *Frankfurter Allgemeine Zeitung*, 3. Dezember 1977, Nr. 281, Bilder und Zeiten, 6.〔本書第二部補遺3〕この記事にはのちに英語への翻訳でのみ印刷された長い版があり、一九七六年、ガダマーはそれをクローナーの娘に送った。Hans-Georg Gadamer an Greda Seligsohn, geb. Kroner, 1. 9. 1976 (LBI); これらについては左記を参照のこと。すなわち第三版での補遺、また六頁に及ぶオリジナル原稿が残されている。翻訳された長い版は、*Philosophische Lehrjahre*（註24）のイタリア語、英語、日本語訳に収録された。*Maestri e compagni nel cammino del pensiero: Uno sguardo retrospettivo* (Biblioteca di cultura, 2), trad. di Giovanni Moretto, Brescia: Editrice Queriniana, 1980: 202-206; *Philosophical Apprenticeships* (Studies in Contemporary German Social Thought), trans. by Robert R. Sullivan, Cambridge: MIT Press, 1985, 83-87;『哲学修業時代』（フィロソフィア叢書

5）〔のち『ガーダマー自伝——哲学修業時代』（ポイエーシス叢書31）〕、中村志朗訳、東京、未來社、一九八五年、三〇一—三〇七頁。翻訳については、以下を参照のこと。Etsurō Makita, *Gadamer-Biographie (1922-1994)*, Frankfurt am Main u. a.: Peter Lang, 1995, 138.

（30）一九八八年二月二〇日、ハンス・ヨナスからヴァルター・アスムスに宛てた手紙を参照のこと（LBI）。アスムスの „In Memoriam Richart Kroner“ のサンプルは、遺稿のなかにもある（LBI）。

（31）Victor Klemperer, *Leben sammeln, nicht fragen wozu und warum, Bd. 1: Tagebücher 1918-1924*, hg. von Walter Nowojski unter Mitarbeit von Christian Löser, Berlin: Aufbau-Verlag, 1996, 827-830, 854, unter dem 22. und 24. Juni sowie 12. August 1924. —Christian Tilitzki, *Die deutsche Universitätsphilosophie in der Weimarer Republik und im Dritten Reich*, 2 Bde., Berlin: Akademische Verlag, 2002; hier Bd. 1, 189. 次の点が強調されている。「各省による一貫した社会主義者とユダヤの出自をもつ学者の招聘を、ウリヒ自身は、狙いを定めて行なわれた『少数民族』の排除を諸学部の側から補うための正当な手段だと見なしていた」。

（32）Zu Fedor Stepun, Tillich und Kroner vgl. „Paul Tillich im Dialog mit dem Kultur- und Religionsphilosophen Fedor Stepun. Eine Korrespondenz im Zeichen von Bolschewismus und Nationalsozialismus“, mit einer Einleitung hg. von Alf Christophersen. In: *Journal for the History of Modern Theology/Zeitschrift für Neuere Theologiegeschichte* 18 (2011), 102-172; Christian Hufen, *Fedor Stepun. Ein politischer Intellektueller aus Rußland in Europa. Die Jahre 1884-1945*, Berlin: Lukas Verlag, 2001.

（33）Wilhelm und Marion Pauk, *Paul Tillich. Sein Leben und Denken, Bd. I: Leben*, Stuttgart/Frankfurt am Main: Evangelisches Verlagswerk/Otto Lembeck, 1978, 109.〔ヴィルヘルム・パウク／マリオン・パウク共著『パウル・ティリッヒ　1　生涯』、田丸徳善訳、ヨルダン社、一九七九年、一二六頁〕本伝記の成立史については以下を参照のこと。„Marion Pauk: Paul Tillich in deutschen Augen“, hg. und eingeleitet von Friedrich Wilhelm Graf. In: *Mitteilungen der Ernst-Troeltsch-Gesellschaft* 22 (2011), 74-120.

(34) Victor Klemperer, *Leben sammeln, nicht fragen wozu und warum, Bd. 2: Tagebücher 1925-1932*, hg. von Walter Nowojski unter Mitarbeit von Christian Löser, Berlin: Aufbau-Verlag, 1996, 446, unter dem 1. Juli 1928. ——文化科学部門 kulturwissenschaftliche Abteilung については以下も参照のこと。*Geschichte der Technischen Universität Dresden in Dokumenten und Bildern*, Bd. 2: *Wissenschaft in Dresden vom letzten Drittel des 19. Jahrhunderts bis 1945*, hg. von Günther Landgraf, Dresden: TU Dresden, 1994, 114.(一〇九頁、一一三頁に、ティリヒ、シュテプーン、ホルダック、そしてクレンペラー等の写真もある)

(35) In: *Logos* XVI (1927), 68-85 und 32-45; 第三号三五六—三六五頁に、ティリヒは、論文「科学技術のロゴスとミュートス」(『ティリッヒ著作集　第七巻』、谷口美智雄ほか訳、白水社、一九九九年、一九五—三〇八頁) を発表した。

(36) Leonie Dotzler-Möllering, „Tillichs Begegnung mit dem Ausdruckstanz.“ In: *Impressionen und Reflexionen. Ein Lebensbild in Aufsätzen, Reden und Stellungnahmen* (Gesammelte Werke, 13), hg. von Renate Albrecht, Stuttgart: Evangelisches Verlagswerk, 1972, 559-562; hier 560.

(37) Dotzler-Möllering, „Ausdruckstanz“(註36), 560f. 一九二〇年代のドレスデンに関する彼女の記録も参照のこと。In: Paul Tillich, *Ein Lebensbild in Dokumenten. Briefe, Tagebuch-Auszüge, Berichte* (Gesammelte Werke, Ergänzungs- und Nachlassbände, 5), hg. von Renate Albrecht und Margot Hahl, Stuttgart/Frankfurt am Main: Evangelisches Verlagswerk, 1980, 170f.

(38) Richard Kroner, *Die Selbstverwirklichung des Geistes. Prolegomena zur Kulturphilisophie*, Tübingen: J. C. B. Mohr (Paul Siebeck), 1928.

(39) Paul Tillich, „Die Selbstverwirklichung des Geistes. Das neue Buch von Richard Kroner.“ In: *Dresdner Neueste Nachrichten*, Nr. 171, 4. Juli 1928, 2; ders. „Selbstverwirklichung des Geistes.“ In: *Vossische Zeitung*, Nr. 24, 27. Januar 1929, *Literarische Umschau*, Nr. 5 [2]; ここでは、*Dresdner Neuesten Nachrichten* に従って引用している。

（40）Fedor Stepun, „Zur Kroners ‚Selbstverwirklichung des Geistes'." In: *Zeitschrift für Theologie und Kirche* NF 12 (1931), 443-454. とりわけ一九二〇年代の『神学と教会雑誌』の歴史とプロフィールについては、以下で詳細に論じられている。Friedrich Wilhelm Graf, *Der heilige Zeitgeist. Studien zur Ideengeschichte der protestantischen Theologie in der Weimarer Republik*, Tübingen: Mohr Siebeck, 2011, bes. 69-72.

（41）Stepun, „Kroners ‚Selbstverwirklichung des Geistes'"（註40）, 443.

（42）ibid., 446.

（43）ibid., 448.

（44）ibid., 450.

（45）ibid., 454.

（46）Richard Kroner, „Philosophie und Religion. Eine Erwiderung." In: *Zeitschrift für Theologie und Kirche* NF 13 (1932), 51-61; hier 53.

（47）Kroner, „Philosophie und Religion"（註46）, 55.

（48）Richard Kroner, *Culture and Faith*, Chicago: University of Chicago Press, 1951; ここでは第二版（一九五八年）vii頁に従って引用した。

（49）ibid., viii.

（50）ibid.

（51）学術・芸術・国民教育担当のプロイセン大臣ヴィンデルバントが、一九二八年六月三〇日にリヒャルト・クローナーに宛てた手紙（LBI）を参照のこと。「昨日の私の電報の受領を確認するなかで、大臣が、あなたに、ショルツ教授の退職によって空いたキール大学の哲学正教授の職を本年一〇月一日に提供することをお伝えできることを、嬉しく思っております」。

（52）一九二九年春、ティリヒは、ハンス・コルネリウスの後任としてその職を引き継ぐ哲学・社会学の教授職としてフランクフルト・アム・マインへの招聘に応じた。面倒な職務上の手続きの過程で、ティリヒや他の人々と並んで、クローナーの招聘も話題に上っていた。これに関しては以下の研究を参照のこと。Erdmann Sturm, „Historische Einleitung.“ In: Paul Tillich, *Vorlesungen über Geschichtsphilosophie und Sozialpädagogik (Frankfurt 1929/30)* (Gesammelte Werke, Ergänzungs- und Nachlassbände, 15), hg. von E. Sturm, Berlin/New York: de Gruyter/Evangelisches Verlagswerk, 2007, XXIII-LIX; hier bes. XXX-XL; Notker Hammerstein, „Zur Geschichte des Philosophischen Seminars der Johann Wolfgang Goethe-Universität während des Dritten Reichs.“ In: *Hessisches Jahrbuch für Landesgeschichte* 39 (1989), 271-310.

（53）Klemperer, *Leben sammeln*（註34）, 462, unter dem 30. November 1928.

（54）ボイムラーのドレスデンへの招聘に関して、詳細は以下を参照のこと。Tilitzki, *Universitäts-philosophie*（註31）, Bd. 1, 191f.

（55）Julius Stenzel (9. 2. 1883-26. 11. 1935); 一九三三年一一月一日、この哲学者はキールからハレに異動させられた。シュテンツェルにはユダヤ人の妻がいて、彼女は一九三九年にアメリカへ亡命することができた。彼女の母親は、強制移送を逃れるために自ら命を絶った。

（56）Richard Kroner, *Kulturphilosophische Grundlegung der Politik* (Fachschriften zur Politik und Staatsbürgerlichen Erziehung, 8), Berlin: Junker und Dünnhaupt Verlag, 1931. この書物が収められた専門書シリーズの編集者は、ケーニヒスベルクの法律家エルンスト・フォン・ヒッペル（一八九五―一九八四）だった。

（57）Kroner, *Grundlegung*（註56）, 89f. Anm. 2. 両者の関係については以下を参照のこと。R. Kroner, *Idee und Wirklichkeit des Staates. Rede zur Verfassungsfeier gehalten an der Christian-Albrecht-Universität am 23. Juli 1930* (Kieler Universitätsreden, 10), Kiel: Lipsius & Tischer, 1930, bes. 3f. ――さらにクリスティアン・ティリツキーとイェンドリス・オルヴェストとの論争を参照のこと。ティリツキーはオルヴェストに宛てた手紙でクローナーの描写について重大な誤りを指摘している。当然、ティリツキーはこのような解釈をはねつけ、クローナーはシュミットの『憲法の番人』と自らを「同一視」したと述べている。

Jendris Alwast, „Akademische Philosophie vor den Herausforderungen ihrer Zeitverhältnisse. Eine mentalitätshistorische Studie zur Elitegeschichte in Kaiserreich, Weimarer Republik, und ‚Drittem Reich' am Beispiel des Denkens von Richard Kroner." In: *Zeitschrift der Gesellschaft für Schleswig-Holsteinische Geschichte* 120 (1995), 129-145; hier bes. 137 mit Anm. 25; Christian Tilitzky, „Der politische Philosoph Richard Kroner. Anmerkungen zum Aufsatz von Jendris Alwast." In: ibid., 123 (1998), 233-244; hier bes. 237:「オルヴェストが想定するように、カール・シュミットの考えの帰結として、常にそれを『全体主義国家』と同一視するような見方からも、クローナーははるかに遠ざかっていた」。ティリツキーもオルヴェストを批判している点については、以下を参照のこと。*Universitätsphilosophie*（註31）, Bd. 1, 368f.

（58）Asmus, *Kroner*（註15）, 63.〔八三頁〕

（59）Tilitzki, *Universitätsphilosophie*（註31）, Bd. 1, 368.

（60）これに関しては、Rüdiger Kramme, „Logos 1933/34. Das Ende der ‚Internationalen Zeitschrift für Philosophie der Kultur'." In: *Rechtstheorie* 27 (1996), 92-116; hier 100f. を参照のこと。記事の写しがクローナーの遺稿にある。これについては、さらに以下も参照のこと。Asmus, *Kroner*（註15）, 117〔原著には 117 とあるが正しくは 80-82〕.〔一〇八―一一一頁〕

（61）これに関しては、詳細は以下を参照のこと。Asmus, *Kroner*（註15）, 76-78.〔一〇二―一〇六頁〕

（62）Gadamer, *Lehrjahre*（註24）, 52f.〔六一頁〕を参照のこと。

（63）Der Reichs- und Preußische Minister für Wissenschaft, Erziehung und Volksbildung [Bernhard] Rust an Richard Kroner, 6. 3. 1935 (LBI); vgl. Asmus, *Kroner*（註15）, 99.〔一二八、一二九頁〕それに加えて、一九三五年六月二八日付の退職証明書（Entpflichtungsurkunde）を参照のこと（LBI）。

（64）一九三八年八月六日、クルト・リーツからパウル・ティリヒに宛てた手紙。In: Paul Tillich, *Briefwechseln und Streitschriften, Theologische, philosophische und politische Stellungnahmen und Gespräche* (Gesammelte Werke, Ergänzungs- und Nachlassbände, 6), hg. von Renate Albrecht und René Tautmann,

Frankfurt am Main: Evangelisches Verlagswerk, 1983, 309-311; hier 310.

(65) これに関して、クラーメが詳しく述べているのでそれを参照のこと。„Logos 1933/34“（註60）.

(66) Asmus, *Kroner*（註15）, 71〔九四頁〕を参照のこと。

(67) これに関しては Kramme, „Logos 1933/34“（註60）, 110 mit Anm. 59. を、また、リッケルトが、国家社会主義を選択したことについては、以下を参照のこと。Hans Friedrich Fulda, „Krise und Untergang des südwestdeutschen Neukantianismus.“ In: Hans Jörg Sandkühler (Hg.), *Philosophie im Nationalsozialismus*, Hamburg: Felix Meiner, 2009, 83-132; zu Kroner bes. 93f.

(68) この版の編集者〔グラーフとクリストファーセン〕たちは、ゲオルグ・ジーベックが少し前にベルリン国立図書館に譲渡したJ・C・B・モール（パウル・ジーベック）出版のアルヒーフを、現在詳細に調査している。最初の成果として、以下を参照のこと。„Beweise einer unsichtbaren Beziehung‘. Die Korrespondenz zwischen Paul Tillich und dem Tübinger Verlag J. C. B. Mohr (Paul Siebeck)“, mit einer Einleitung hg. von A. Christophersen und F. W. Graf. In: *Jesus of Nazareth an the New Being in History* (International Yearbook for Tillich Research, 6), hg. von Christian Danz, Erdmann Sturm u. a., Berlin/New York: de Gruyter, 2011, 237-407. 現在ベルリンにあるこの出版社のアルヒーフについては、以下を参照のこと。„*Dieser Schatz gehört in die Hauptstadt!*“ *Die Übergabe des Verlangsarchivs Mohr Siebeck an die Staatsbibliothek zu Berlin—Preußischer Kulturbesitz*, hg. von Barbara Schneider-Kempf, Berlin 2011.（特に神学については以下を参照のこと。ibid., 8-15: F. W. Graf, „Tübinger Provinz und Berliner Metropole“）

(69) Hermann Glockner, „Deutsche Philosophie.“ In: *Zeitschrift für deutsche Kulturphilosophie. Neue Folge des Logos* 1 (1935), 3-39.

(70) 一九三四年七月二九日、ヘルマン・グロックナーからオスカー・ジーベックに宛てた手紙。In: Kramme, „Logos 1933/34“（註60）, 113, Anm. 68.

(71) Hermann Glocker/Karl Larenz und Verlag J. C. B. Mohr (Paul Siebeck), „Zur Einführung.“ In: *Zeitschrift*

für deutsche Kulturphilosophie. Neue Folge des Logos 1 (1935), 1f.; hier 1.

（72） Glockner u. a., „Zur Einführung“（註71）, 2. ――一九四六年、ハンス・ゲオルク・ジーベックは、クローナーと共に編集者として『ロゴス』誌を再度新たに編集する計画を立てた。クローナーは、それゆえヘルマン・フォン・ブラウンベーレンの弟子たちを巻き込むことになった。ジーベックが目論んだのは、この雑誌を、〔第二次大戦中〕「すべての政治的に悪い前歴をもっていないリット、シュプランガー、ヤスパース、マイネッケなどといった教授たち、また同様に、ティリヒ、イェーガー、マルク、コーン、ヨナスなどといったドイツの亡命者たちの独占的な協力のもとに、和解と人間性という新しい精神の、国家を超えたフォーラムとして世に送り出すこと」であった。クローナーはティリヒはすでに〔この企画を〕快諾していたと述べている。Asmus, *Kroner*（註15）, 155.〔二一七頁〕

（73） イェンス・イェッセン（一八九五―一九四四）は、当初支持していたナチス政権に、次第に背を向けるようになった。そのためベルリンのプレッツェンゼーで、一九四四年一一月三〇日、死刑に処せられた。それは彼が、クラウス・シェンク・グラーフ・フォン・シュタウフェンベルクを取り巻くレジスタンス運動と関係があり、また一九四四年七月二〇日のアドルフ・ヒトラー暗殺計画のことを知っていたためである。vgl. Walter Braeuer, „Art. Jessen, Jens.“ In: *Neue Deutsche Biographie* 19 (1974), 424f.; Regina Schlüter Ahrens, *Der Volkswirt Jens Jessen. Leben und Werk*, Marburg: Metropolis-Verlag, 2001.

（74） クローナーは、一九三九年一月二〇日から二月二四日までに六回の講義（Upton Lectures in Philosophy）を担当した。そのさい六回目の午後のコマで、「悪の根源と救済思想」（The origin of evil and the idea of redemption）という問題と取り組んだ。〔この講義の〕予告が遺稿のなかにある（LBI）。彼はその予告文のなかで次のように紹介された。「ドイツ、キール大学前教授・国際ヘーゲル協会創設者・『カントからヘーゲルまで』の著者」。

（75） Richard Kroner, *The Primacy of Faith*, New York: Macmillan, 1943; Nachdruck: New York 1979. ――クローナーへの招待状を参照のこと。The University of St. Andrews, Andrew Bennett (Secretary), an Richard

Kroner (Christ Church, Oxford) 26. 4. 1939 (LBI).「あなたが提示した、創設の目的に相応しいテーマでなされたギフォード講座の基金のもとでの一連の講義」は重要であった。

(76) Kroner, *Culture and Faith*（註48）, ix. ——ラインホールド・ニーバーの *Beyond Tragedy. Essays on the Christian Interpretation of History* は、一九三七年ニューヨークでは、スクリブナー書店から、次に一九三八年ロンドンではニスベット社から出版された。ニーバーとクローナーの論争に関しては、以下の論文を参照のこと。„The Historical Roots of Niebuhr's Thought." In: *Reinhold Niebuhr. His Religious, Social, and Political Thought*, ed. by Charles W. Kegley and Robert W. Bretall, New York: The Macmillan Company, 1956, 177-191; さらに、一九五三年、第二版の付録に載った論文 „Lebendige Vernünftigkeit" を参照のこと。

(77) この出会いに関しては、一九二六年一月二日、カール・バルトのエドゥアルド・トゥルナイゼンへ宛てた手紙を参照のこと。In: *Karl Barth - Eduard Thurneysen. Briefwechsel, Bd. 2: 1921-1930* (Kark Barth Gesamtausgabe, V. Briefe), bearb. und hg. von Eduard Thurneysen, Zürich; Theologischer Verlag, 1974, 392f.; hier 393. バルト、クローナー間の接触に関しては、一九二五年三月一二日、カール・バルトのフリードリヒ・ゴーガルテン宛の手紙も参照のこと。In: *Karl Barth - Emil Brunner. Briefwechsel 1916-1966* (Karl Barth Gesamtausgabe, V. Briefe), hg. von Eberhard Busch, Zürich; Theologischer Verlag, 2000, 114-118; hier 115. バルトとクローナーが、どの程度頻繁に直接会っていたのかを、今日の資料状況に基づいて、正確には確定することができない。——クローナーは、一九二四年初頭にも、バルトを『ロゴス』誌の協力者にするという考えを抱いていた。Vgl. Silke Knappenberger-Jans, *Der Verlag J. C. B. Mohr (Paul Siebeck) im frühen 20. Jh.*, Mainz: Harrassowitz, 2001, 243. ——神学的テクストによるクローナー受容については、エマヌエル・ヒルシュによるクローナー受容を参照のこと。*Die idealistische Philosophie und das Christentum*, Gütersloh: C. Bertelsmann, 1926. In: Logos XV (1926), 375-380.

(78) クローナーにおけるバルト受容については以下を参照のこと。*Selbstverwirklichung* (Anm. 38), 174.

――さらに一九四四年三月二五日、パウル・ティリヒがオイゲン・ローゼンシュトック＝ヒュシーに宛てた手紙（in: Tillich, *Streitschriften*〔註64〕, 297f.）を参照のこと。ティリヒは、この書簡で、もはや立証不可能なことであるが、ローゼンシュトック＝ヒュシーへの問いに応えている。この手紙のなかで〔ローゼンシュトック＝ヒュシーは〕、一九四三年のティリヒの論文「宗教社会主義における人間と社会」と批判的に取り組んでいた。ティリヒは、次のように伝えている。あなたの疑いを調べることはできない。なぜなら手書き原稿が粗末なために、原文を完全には再現することができないからだ、と。「私は、クローナーに手伝いに来てもらいました。彼は私の論文に共感を示していません。というのも、彼は、信仰を哲学的に捉える実存哲学者たちの試みを、そもそも否定しているからです。彼は次第に神学的正統派の方に向かっています。けれども、このことも、あなたの批判の意味なのかどうかを彼は知らないのです」。

（79）これに関して、詳細は Asmus, *Kroner*（註15）, 121-125〔一五九―一六六頁〕を参照のこと。

（80）一九四二年六月一九日、リヒャルト・クローナーからマルコム・ノックスへ宛てた手紙。In: Asmus, *Kroner*（註15）, 128-131; hier 130.〔一七二―一七七頁、ここでは一七六頁〕

（81）これらの講義はのちに出版された。Richard Kroner, *How Do We Know God? An Introduction to the Philosophy of Religion*, New York and London: Harper and Brothers, 1943. ――「ヒューエット講義」の予告を参照のこと。In: *Alumni Bulletin of the Union Theological Seminary, New York City*, vol. 17, 1941, no. 1, 3.

（82）パウル・ティリヒからアリス・クローナーに宛てた手紙。日付けはおそらく〔一九四二年六月末〕。本書収録の書簡1を参照のこと。

（83）一九四六年八月一〇日、リヒャルト・クローナーからパウル・ティリヒに宛てた手紙。本書収録の書簡2を参照のこと。

（84）一九五二年一〇月四日、パウル・ティリヒからリヒャルト・クローナーに宛てた手紙。本書収録の書簡3を参照のこと。

（85）一九五七年一一月一三日、パウル・ティリヒからリヒャルト・クローナー、アリス・クローナーへ宛てた手紙を参照のこと。発信地不詳〔Harvard〕、本書収録の書簡10。一九六一年四月八日、リヒャルト・クローナーからパウル・ティリヒに宛て、フィラデルフィアから発送された、本書収録の書簡23を参照のこと。

（86）一九五二年一〇月四日、パウル・ティリヒからリヒャルト・クローナーに宛てた手紙。本書収録の書簡3を参照のこと。

（87）一九五七年六月二二日、リヒャルト・クローナーからパウル・ティリヒに宛てた手紙。本書収録の書簡9を参照のこと。

（88）Karl Barth, “Abdruck aus Dogmatik III”, 2, Seite 531-537. In: Kerygma und Mythos II (Anm. 142), 102-109; Rudolf Bultmann, „Zum Problem der Entmythologisierung“ In: ibid., 179-195. この頁数は、一九五六年の第二版に従っている。

（89）一九五九年二月二七日、リヒャルト・クローナーからパウル・ティリヒに宛てた手紙。本書収録の書簡15を参照のこと。

（90）一九六一年七月四日、リヒャルト・クローナーからパウル・ティリヒに宛てた手紙。本書収録の書簡26を参照のこと。

（91）Asmus, *Kroner*（註15）, 154.〔二二五頁〕

（92）*Christian-Albrechts-Universität Kiel, Personal- und Vorlesungsverzeichnis. Wintersemester 1947/48*, Kiel: Vertrieb durch Walter G. Mühlau, [1947], 13. ——キールでのクローナーに関して、以下も参照のこと。Ralph Uhlig (hg.), *Vertriebene Wissenschaftler der Christian-Albrechts-Universität zu Kiel (CAU) nach 1933: zur Geschichte der CAU im Nationalsozialismus. Eine Dokumentation*, Frankfurt am Main u. a.: Peter Lang, 1911, bes. 27f.

（93）これに関しては、Asmus, *Kroner*（註15）, 155〔二一七―二一八頁〕を参照のこと。Jendris Alwast, „Art. Richard Kroner.“ In: *Biographisches Lexikon für Schleswig-Holstein und Lübeck*, Bd. 9, Neumünster: Karl Wachholtz Verlag, 1991, 191-196; hier 194.

（94）Asmus, *Kroner*（註15）, 175f.〔二五一―二五四頁〕を参照のこと。――ハンス＝ゲオルク・ガダマーは一九五一年にも、クローナーを彼のハイデルベルクでの演習に招いた。「倫理的・精神的真剣さが明らかだった彼の講演は、うまく説明しにくいが、さながら過去の時代からの声のようであった。確かに、彼はかれこれするうちに年配者となっていた。しかし、年を取ったことで、彼の講義が過去の時代からの声のようだったのではなかった。むしろ、彼の周りには、依然としてドイツ教養市民のアウラが漂っていたのである。彼は、このドイツ教養市民出身であり、亡命の数十年にもかかわらず、また古いドイツ文化の伝統の崩壊にもかかわらず、遅れてきた証人のように、涙ぐましくも不思議にドイツ教養市民を体現していたのであった」（Gadamer, *Lehrjahre*〔註24〕, 175〔二一六頁〕）。

（95）グルトマンの講座でのレディカーの協力については以下を参照のこと。Susannah Heschel, *The Aryan Jesus. Christian Theologians and the Bible in Nazi Germany*, Princeton/Oxford: Princeton University Press, 2008, 173f.; また以下も参照のこと。Matthias Wolfes, „Art. Martin Redeker.“ In: *BBKL* Bd. XVI (1999), 1317-1329; bes. 1324 und 1325; ders., *Protestantische Theologie und moderne Welt. Studien zur Geschichte der liberalen Theologie nach 1918*, Berlin/New York: de Gruyter, 1999, 380.

（96）[Martin] Redeker, „Philosophie und Theologie im heutigen Amerika.“ In: *Flensburger Tageblatt*, 10. Juli 1951; vgl. Anonymus, „Glaube und Denken im amerikanischen Geistesleben“. In: *Kieler Nachrichten*, 7./8. Juli 1951, 3.

（97）Richard Kroner, „Zur Eröffnung der Heidelberger Hegel-Tage.“ In: *Heidelberger Hegel-Tage 1962. Vorträge und Dokumente* (Hegel-Studien, Beiheft 1), hg. von Hans-Georg Gadamer, Bonn: Bouvier, 1964, 9-18; hier 16f. それ以前にも、以下ですでに詳しく論じられている。Richard Kroner, „Hegel heute.“ In: *Hegel-*

Studien 1 (1961), 135-153.

(98) 一九六八年三月七日の死亡証明書を参照のこと（LBI）。

(99) Asmus, *Kroner*（註15）, 185〔二七〇頁〕を参照のこと。

(100) Richard Kroner, *Freiheit und Gnade. Philosophisch-Theologischer Traktat*, Tübingen: J. C. B. Mohr (Paul Siebeck), 1969.〔『自由と恩寵——実存的思索から信仰へ』、福井一光訳、教文館、一九九一年〕

(101) Kroner, *Freiheit und Gnade*（註100）, 5.

(102) ibid., 111.

(103) ibid., 112.

第二部　パウル・ティリヒとリヒャルト・クローナー往復書簡、及び関連文書

以下〔に収録されているのは〕パウル・ティリヒとリヒャルト・クローナーの間で交わされた書簡である。また〔両者の妻〕ハンナ・ティリヒとアリス・クローナーの書簡も収録している。これらの書簡のオリジナルは〔ハーヴァード大学神学部の〕アンドヴァー・ハーヴァード神学部図書館にある「パウル・ティリヒ遺稿集」、そしてニューヨークのレオ・ベック研究大学院にある「リヒャルト・クローナー遺稿集」がそれぞれ保存している。(1) おそらくこれよりも膨大な量の書簡が存在しているはずなのであるが、〔ここには〕現在公開することが可能な三三通だけを収録した。(2) これらの遺稿が保存されている文書資料館の状態を完全には調査することができないため、さらに存在するはずの書簡についてはここでは取り扱うことができなかった。編者による挿入は、角括弧〔 〕で括った。〔書簡の〕再現にあたっては、オリジナルに厳密であることを心がけた。

これらの書簡の公開に合わせて、以下の三つのテクストを補遺として収録することにした。第一に、ティリヒが一九四一年に『ニューヨーク市ユニオン神学校季報』に投稿したクローナーについての短いが、密度の濃いポートレート〔である「リヒャルト・クローナー博士〔を紹介する〕」〕、第二に、クローナーが一九五三年に『ドイツ大学雑誌』に投稿した「生き生きとした理性――アメリカにおける哲学的・神学的思想の基礎」という文章、(3) 第三に、一九七七年一二月三日の

『フランクフルト新聞』に掲載されたハンス゠ゲオルク・ガダマーの「リヒャルト・クローナーを記念して」という文章（それは新聞に掲載するために編集・短縮されたものではなく、オリジナル原稿）である。[4]

1　パウル・ティリヒよりアリス・クローナーへ

発信場所不詳、航空便［一九四二年六月下旬］[5]

水曜日

クローナー夫人、

あなたからのお葉書[6]心よりお礼申し上げます。この葉書を、昨日とても遅い時間に落手しましたので、本日ようやく返事を書くことができる次第です。

なによりも私は、あなたに、私があなたの母上の訃報を知り[7]、どれほど動揺しているかを伝えたいのです。私は［しばしば語られることですが］「このことが彼女のためによりよいことである」という言葉が、現実の慰めとはならないということを私自身よく知っています。もしあなたが〔受け容れ可能な〕もっと別の宗教的な慰めに接しているのだとしても、私は［ここで］その別の宗教的な慰めを［改めて］語ろうとも思いません。私は、私自身がいまのあなたのような経験をしたときに、すなわち私が妹や父を亡くし、あなたと似た経験をしたときに、人格的で、何かと比較することなど不可能な生が、時間の限界のなかで現わされうる生よりも大いなるものを意味しているという確信を失うことはなかった、ということをお伝えしたいと思うのです。私はそれ以上のことを知りませんし、それ以上のことを知りたいとも思いません。

〔A・C・〕マギファート二世(8)は、シカゴ以来の良き知人です。私たちは、バークレーの彼の家に滞在していたことがあります。もしあなた方が彼にお会いになるならば、どうぞよろしくお伝えください。

　私は住居の問題などもあるので、さらに決定を先送りしたいと考えています。ほんとうにいろいろと感謝しています。私は、最終的には拒否しないでしょう。しかし私は、いまは完全に一人にならねばなりません。このような思いになるのは、何年ぶりのことでしょうか。私は、心を強くもっているので、他のさまざまな問題への対応などはこの問題にくらべれば些細なことです。そしてあなたとリヒャルトは、このことを理解して下さると信じています。なぜならあなた方は、確かに私が、この九年の間ニューヨークで経験してきた実存的〔で孤独な〕生活をご存じなのですから。

近いうちにお会いできればと願っています

パウルス・T〔ティリヒ〕

2　リヒャルト・クローナーよりパウル・ティリヒへ

リッチモンド（サリー）、一九四六年八月一〇日[2]

七　デンバイ［ガーデンズ］
リッチモンド（サリー）
イギリス
〔一九〕四六年八月一九日

パウルス、

すでに聞かされていた通り、きみは八月二〇日に六〇歳になるのですね。手紙は、海を渡って〔イギリスからアメリカに〕届くまでに平均で一〇日ほど必要なので、私は、本日前もって早めに、私とアリスからの慶びを伝えるための手紙を書こうと思います。もう数年前に、きみのドレスデン〔工科大学〕への招聘のために奮闘していたときには、きみと私が、そしてきみと私たちが、これほどまでに個人的に親しくなるだろうとは予想もしていませんでした。そして私たちが、一九二九年に再び離れ離れになり、きみが美しい南方〔すなわちフランクフルト〕に向かい、私が気候のよい北部〔キール〕に向かったときにも、私はまだ、私がきみとこれほど親しい関係になっていることを認識していなかったのです。

一九四〇年の運命的な出来事は、私にこのような二人の関係の本質を明らかにするために起こらねばならなかったのです。きみが私に〈ニューヨークのきみのところに私が行くべきだ。そして私にきみが何か重要なことを言わなければならないのだ〉と手紙で書いてきたあの日、そう、私にとって非常に重要なあの日に、このような二人の関係は、はじめて完全な光の中で明らかになったのです。[10] 私は、あの日以来、より良く、またより深くきみの心を理解し、愛し、高く評価してきたのです。――そう、きみの魂を。というのも、私はきみの著作を最初に読んだときから、きみの精神を私は理解することができました。しかしこう思うのです。魂は、人間の精神以上のものです。魂はより深く、秘儀の深淵まで達することができるのです。その秘儀が私たちを覆っており、また私たちはそれによって生きるのです。私は、きみが決して、この世界を手に入れるために、きみの魂を放棄することはないということを知っています。そしてこのことは、おそらく人間について語りえることのなかで最高のものでしょう。歳をとり〔老いる〕ということさえも、きみという存在の深さを曇らせ、消してしまうことなどできないでしょう。たとえ、歳をとるということで、予想されうるような出来事、すなわち多くのことを断念し、禁欲的にならざるを得ないということがそれを要請したとしても〔そんなことは起こらないでしょう〕。私は確信しているのです。あなたがもつこのような精神の創造力は、来たる一〇年間にさらに広がってゆき、その頂点に達することでしょう。そしてまたきみの仕事の領域は、きみ自身に応じて広がってゆき、ついには「世界」を包括し、把握するでしょう。これは願望ではなく、預言です。ごめんなさい。私がきみの領分にまで手を出してしまいました。私はただ生と健康という、これらのことが成就するために前提となる諸条件のことを願っているだけなのです。

ハンナときみたちの周囲にいる方々にも、長年の心よりの友情のなかから挨拶をおくります。

リヒャルトより

3　パウル・ティリヒよりリヒャルト・クローナーへ

ニューヨーク、一九五二年一〇月四日[11]

ユニオン神学校
ブロードウェイ、一二〇番街
ニューヨーク市　二七、ニューヨーク州
〔一九〕五二年一〇月四日

リヒャルトとアリスへ

お二人からの手紙に心から感謝します。私は、きみたちがより西の方〔に移っても〕万時順調であること、そしてきみたちが私たちのすべての友人と面識ができたことを嬉しく思っています。さらにこれからも万事うまくいくようにと願っています。美しい近郊の町を含めてフィラデルフィアは、決して愕然とするような地の果てではありません。それどころかそこもニューヨークから少し離れた近郊の町です。そこを一度でも訪ねるならば、また美しい住まいを得たなら、その現実は、想像していた予想していた怖れを一掃してくれることでしょう。[12]

ユニオン神学校は、ニーバーの病気の衝撃のもとにあります。ニーバーは、もはや講義をもつことができないかもしれませんし、その状態がいつまで続くかわかりません。しかしそれ以外はすべて以前と同じです。私は、学生から、自発的な試みなのですが、芸術と宗教についての演習を行なって欲しいと再び要請されました。今週それを始める予定でいます。

私たちのヨーロッパへの旅は、骨の折れるものでしたが、それでも興味深いものでした。私は六週間イングランドに滞在し、さらに五週間ドイツ、ほとんどはベルリンに滞在し、講義を行ないました。イングランドは、純粋なまでに伝統に結びついているということに、ドイツでは、その途方もない活力に感銘を受けました。反動が再び目覚めることについての危機感があちらこちらに見られます。パリでは、外国人があまりに溢れていて、その中でフランス的なものを発見することはもはやほとんどできないほどでした。オーストリアの山々は美しく、物価も安定していました。

いつきみたちは、東の地へ戻ってきますか

心からの挨拶をおくります
パウルス〔手書き　パウルス〕

4　パウル・ティリヒよりリヒャルトとアリス・クローナーへ

乗船中のイル・ド・フランス号から〔一九五三年年末〕(13)

フランス郵船〔のレターヘッド〕
乗船中のイル・ド・フランス号から(14)

リヒャルトとアリスへ

私の「ヨーロッパを駆け抜ける狂気の旅〔英文〕」は終わろうとしています。〔いまその帰りの船上から〕心よりの新年のご挨拶をいたします。この旅行は、人間との出会い、さまざまな出来事、そして仕事に関してもこれまで経験したすべてを凌駕しています。これらを再現してみせることは私の能力を超えることです。〔今年は〕きみたちにこの大陸のいろいろな場所から挨拶することになるでしょう。もちろんとりわけイングランドから〔英文〕も。誰もこの大河の流れ〔のような予定〕を軽減させることはできません。〔このあと帰国して〕四週間の予定でシカゴに行きます（一月二日です）。それを終えるとユニオン〔神学校〕での〔定年前の〕最後の通常の学期となります。私たちはいつ会うことができるでしょうか。

新年にあたってお二人の上にご多幸を祈りつつ
きみたちの古き〔友人〕パウルス

5　パウル・ティリヒよりリヒャルト・クローナーへ

ニューヨーク、一九五四年七月二五日[15]

ユニオン神学校
ブロードウェイ、一二〇番街
ニューヨーク市　二七、ニューヨーク州

一九五四年七月二五日

リヒャルト、

きみの手紙と祝福の言葉に感謝します。私は、あの回覧書簡についてあまりにもひどい侮辱を受けたので、もう二度とこのような回覧書簡は書かないつもりです。[16]

私は一九五五年の秋からハーヴァードでの仕事をはじめます。しかしさしあたりは〔ユニオン神学校での〕二つの学期があります（ハーヴァードでの〔任期は〕短いものです）。ですから私たちは、ハーヴァードへは引っ越さない予定です。実は六月にイーストハンプトンに引っ越したのですが、そこに居を構える予定です。ハーヴァードでは家具つきの住宅を提供してもらえるので、〔在任中は講義のあるときには〕そこに住む予定です。私は、神学部で五コマ分の講義をもつことになります。他のすべてについては未定です。のんきな老人にはさしあたりなにも関わる必要もないのではないかと思っています。おそらくきっとそれ以上のことはないはずです。

ヘッセン州政府は、私にアメリカで受け取っている給料のことについて尋ねてきませんでした。私はフランクフルト大学では退官教授として取り扱われており、大学のシラバスには、その他の退官教授として記載されているそうです。退官教授としての恩給は、定期的に私のフランクフルトの口座に入金されるそうです(17)。

私は、きみと同じように、何か良い書物を読む時間が十分にもてるようにと願っています。私は七五年間の年月が過ぎても、まだギリシア語だけは読もうと思っています。

敬具

〔手書き〕パウルス

6　リヒャルト・クローナーよりパウル・ティリヒへ

ニューヨーク、一九五六年三月二一日[18]

ユニオン神学校〔のレターヘッド〕
ニューヨーク二七、ニューヨーク州

フィラ［デルフィア］、〔一九〕五六年三月二一日、水曜日

パウルス、
きみがこの地に滞在していたということは、とても素晴らしいことでしたし、私自身大変リラックスした時間を過ごすことができました。私はきみの説教を喜んで聞きました。それはきみがこれまでに語ったもののなかで最高のものでした。
私は、すべてを終えたあとできみが［……］[19]へ行ったことに驚いています〔英文〕。こちらの月曜日の天気は、日曜日よりもさらにひどいものでした。雪が降った時間が長かったので、さらに積雪の量が増えたのでした。そのために私は、月曜日午後の講義を行なうことはできませんでした。というのも、わが家の前の雪はおそらく丘のような次元の高さに達していると判断せ

ざるを得なかったからです。

私は、私たちにとって確かに本質的な問題である、終わることのない哲学的・神学的討論を続けられなかったことを残念に思っています。私は「存在論の優位」に賛同できないと考えています。なぜなら、「存在」は、一部では漠然としたまま、また一部ではあまりにも非‐存在に取り込まれてしまっているからです。しかし他方で「神」は、プラトンとともに「善」として――しかし人格的に定義されうるでしょう。ですから私は、パルメニデスよりもプラトンの近くにいるのです。あるいはプロティノス、あるいはスコトゥス・エリウゲナ、あるいはヘーゲルの近くにいます。私は、死ぬ前に、なにかもっと整理されたものを、あるいは究極的なもの（私は私にとって究極的なものと思っているのですが）について語ることのできるようにと願っています。

あの気の毒なパウル〔・ケンプナー〕[20]は、この究極的なものにもっと近づいているように思えます。

敬具

R〔リヒャルト〕

7　アリス・クローナーよりパウル・ティリヒへ

フィラデルフィア、一九五六年八月一四日(21)

ラインウッド　ガーデンズ
一九〇七Bマザーウェイ
フィラデルフィア一七、ペンシルベニア州
電話　ターナー四―七四七五
〔一九〕五六年八月一四日

パウルス、

七〇歳の誕生日を祝ったある女友だちが、私の誕生日のためにたったいま手紙をくれました。「誕生日には、たった一日だけでよいのですが我慢するのです。それは、ハードルのようなものです。しかしこのハードルを取り去れるならば、生命はもっと長く続くでしょう」。この言葉は、非常に私の慰めとなりました。また私は、それがまたあなたの慰めにもなっていることを希望します。

私は、私の七〇歳の誕生日を通り過ごしました。慎重に、しかも可能な限り内密にして。年齢のためではないのです。――私は若いときからすでにふけていたし、また賢くなるのはいまとなっては難しいことだと思います。――そのようにした理由は、私が、リヒャルトはいまひどい状態だと思い、そこから恢復するのには数週間を必要とすると考えたからです。具体的に言えば、

第一に、「人は」彼の唯一の望みであった、神学の名誉学位の取得を実現してくれなかったからです。

第二に、あらゆる精神的な世界が、『アウフバウ』誌さえもが彼を無視したからです。

第三に、あなたも何も語ってくださらなかったからです。

第四に、私は、あの気の毒なパウル・ケンプナーが語ったことは大変に不十分なものだと思ったからです(22)。

いまようやく私は、なぜ〔パウル・ケンプナーのクローナーの七〇歳の祝いの言葉のなかに〕クローナーの精神と彼固有の魅力についてなにもふれられていなかったのかを知ったのです……。

あなたの説教についての私の判断が問題であるとあなたが感じているということが、私を常に動揺させるのです。いまあなたはこのように有名になっていますが、私はそれにもかかわらずあなたに誕生日の手紙をあえて書こうとは思わないのです。その代わりにただこのことを言いたいのです。私は、あなたがこの日に年齢のことを忘れてくださるように。そして年齢の代わりに、あなたに対して心情を喜んで示そうと努力するすべての人々の尊敬と友情と愛を喜んでくださるように希望しています。

ハンナによろしく
アリス・クローナー

フィラデルフィア、一九五七年五月二二日[23]

8　アリス・クローナーよりパウル・ティリヒへ

フィラデルフィア　一九五七年五月二二日

パウルス、

あなたが説教〔の原稿〕を送って下さったことは、私にはとても幸せなことでしたし、大変栄誉だと感じましたし、この説教は、あなたがさらに〔私からの〕もう一通の手紙を読まねばならないほど、さまざまな関心事を私のなかに引き起こしたのでした。しかしながらいまは、この思いをまず電報風に〔ママ〕書き送ってみようと思います。

私は、あなたが考えるようにひとりきりであると感じることはないと思います。とりわけ、リヒャルトの愛が、私という存在のために、私を守ってくれているのでしょう。あるいは私のおそらく他の人々に感じるよりも強い女らしさが〔私を守ってくれているのかもしれません〕。

死ぬときに一人きりであることを、私はこれまでまったく意識したことはなかったのです。カロリーネ・フォン・フンボルトが死ぬときには、彼女を取り巻く人々がおりました。そう、あのカロリーネ・シェリングについては、シェリングが次のように書いています。「彼女の死の直前、最後の数時間、彼女は、愛情に満たされた明朗さのなかで、晴れ晴れとしているように思えた。最後の晩に彼女は、甘美さのうちに、身体からはすでに自由となり、解き放たれて漂っており、また彼女の言葉の美しい音色は、まさに音楽となっていた。[24]」

このような詩です。

深く内側に、以前と同様に閃光が赤々と燃えている、
私を生涯のあいだ祝福してくれた愛が、
私たちを引き離し、また結びつける最後の問いが。
最初の数年間のように熱く燃えている。
愛と問いはすべてを焼き尽くしてしまうのでしょうか。きっとそうでしょう。
永遠が私たちのなかにあることを、あなたは私に教えてくれました。
最後の瞬間に、内実が私たちを未知の国へと導いてくれるでしょう、
否、導いてくれていたことが、私の希望なのです。
この瞬間のために私は力を蓄えておきたいのです。

ひとりきりであることは永遠なもののなかにあるということなのでしょうか。それとも、地上での充実のすべてを向こう側へ持っていくことになるでしょうか。

これとはまったく逆なことは、トルストイの『アンナ・カレーニナ』のなかに登場するレヴィン兄弟の死です。あるいは私たちの親友のエディット・クルティウス[25]が、あらゆる事柄を超えて彼女の愛した姉妹の死について書いていることもそうです。彼女は「ひとつの壁が、私を世界から隔てています」と書いていました。

そしてあなたの意見です。

終わりがより近づいてくればくるほど、私には死が、そしてそれとともに生がますます私にとって謎めいたものとなってくるのです。

あなたは、〔使徒〕パウロが、死が生涯にわたって自らの傍にあるということを知っていたのに、私があなたとも、あるいはリヒャルトとも、死について語ったことがなかったということを理解することができますか。孤独に負い目を担うこと、「孤独」のうちに言葉にすることなく祈ることは、私にとってはまったくふさわしいことです。

私は、ユニオン神学校の礼拝堂で、公衆の面前で罪の告白をするときに何を求めていたでしょうか。私はそのことを思い出すとまだ身震いを感じ、そのようなことをする意味を信じてはいないのです。

ビリー・グラハムの「九〇万ドル福音キャンペーン」は、私には嫌悪を催すものです〔英文〕。宗教やキリスト教とはまったく反対の行為です。

孤独について〔書きたいと思います〕。同封したノート[26]に私が書いた詩をぜひお読みください。必ずすべてを読んでください。もちろん芸術作品としてではなく、ある人間の姿として読んでください。その人間はあなたを、他の多くの人びとと同様に喜ばせることでしょう。私は、かつてドイツにいたときに、あなたに〔やはり同じように詩を〕お送りしたことがありました。しかしそれらの詩は、顧みられることはありませんでした。ハンナは、私をかつて勇気づけてくれました。――来年は、五月一二日に私たちの金婚式があります。自分ひとりで祝うのは嫌なので、私は、この日を多くの人たちと祝いたいと考えています。そう三世代で。あなた方がもしそこにいっしょにいてくださることが可能であれば、それはなんと麗しいことでしょうか。あなた方がそうしてくださるなら、そのことであなた方は私たちをもう一度結婚させることができるでしょう。またあなたは、あなたがまだ小さなゲルステンベルクにしたような警告を私たちにする必要はありません[27]。なぜなら、たとえ幸いな結婚が、――それは女性にとっては最高の贈り物ですが――、最後の日まで課題であり続けたとしても、――私たちにはなお残されている短い時間のために、私がそう思っているのですが――、私たちは、結婚は贈り物だということで、この課題を解決することを学んだのでした。

感謝をこめて

アリス

ハンナによろしく

9　リヒャルト・クローナーよりパウル・ティリヒへ

フィラデルフィア、一九五七年六月二二日[28]

ラインウッド　ガーデンズ
一九〇七B　マザーウェイ
フィラデルフィア　一七、ペンシルベニア州
電話　ターナー四―七四七五

〔一九〕五七年六月二二日

パウルス、

きみの〔『組織神学』〕第二巻は、第一巻よりも多くのものを私に与えてくれています。[29] 第二巻は、〔第一巻のなかでは〕明瞭になっていなかったいくつかの点を説明してくれていますし、私はこの巻が非常に精巧で、示唆に富んでいて、力強いものだと感じています。私は、もう一度ゆっくりと読んでいます。ここで取り扱われている事柄はなんと難解なものでしょうか。それはまさに山々にたとえることができます。遠くから見れば、それらは青く、愛しく、魅力的に見

えます。しかしその山々に近づけば近づくほど、それらは、ますます険しく、薄暗く、急勾配で、登ることのできないもののようにみえてくるのです。私は、〔『哲学史における思弁と啓示』〕第二巻を書いています。大胆な企てです。おそらく私がこれまであえてなしたもっとも大胆な企てです。第一巻については、例外的に愚かで、無遠慮な批評もありましたが、ほとんどが好意的で感心する批評を受け取っていたのです。(30)

よい夏をお過ごしください

敬具

リヒャルト

ブレスガウのフライブルク大学は、創立五〇〇年の記念に際して、私に名誉博士号を新たに授与してくれました。

10　パウル・ティリヒよりリヒャルトとアリス・クローナーへ

発信地不詳〔おそらくはハーヴァード〕、一九五七年一一月一三日[31]〔英文〕

一九五七年一一月一三日

リヒャルト・クローナー教授夫妻
一九〇七B　マザーウェイ
エルキンス　パーク
フィラデルフィア、一七、〔ペンシルベニア州〕

リヒャルトとアリスへ、

ドイツ人街のユニテリアン教会で日曜日に説教するため、いつものようにフィラデルフィアに行きます。一一月二四日です。さて、いくつかの理由で、日曜日の晩、夕食どきの七時ごろにあなたがたのところに伺うことができればと願っています。あるいはあなたがたがさらに都合のよい時間があればそのときでもけっこうです。もしいずれも不可能であれば、日曜日の昼食でもよいかもしれません。いずれにしても、あなたがたの都合をできるだけ早く教えてください。
どうぞ返事は私の個人研究室宛に送ってください。セミ語族博物館　六　神学部通り　ハーヴァード大学　ケンブリッジ三八　マサ〔チューセッツ〕。

敬具

フィラデルフィア、一九五八年四月六日[32]

11　アリス・クローナーよりハンナ・ティリヒへ

ラインウッド　ガーデンズ
一九〇七B　マザーウェイ
フィラデルフィア　一七、ペンシルベニア州
電話　ターナー四―七四七五
〔一九〕五八年四月六日

ハンナ、
秋にパウルスがここに来たとき、私たちは五月一二日に金婚式の祝いをしようと考えている

こと、またあなた方がそこに同席してくださることを心から望んでいることを説明しました。そのとき彼はこの件で私があなたに手紙を書いてくれるようにと言ったのでした。〔それで私はこの手紙をあなたに書いています。〕金婚式は、ニューヨーク郊外のダグラストンにある私の年若い親戚のところで祝うことになりました。そのときにはニューヨークにいるように予定を調整してもらえますか。金婚式の日は結婚記念日に近い日曜日にしたいので、祝いはおそらく一一日になると思います。ゲルダは、二度目の結婚式のように祝わねばならないと考えています。パウルスほどに、私の異端的な性格を理解し、私たちのために親身になってくれる人は他にはいません。できるだけ早く、あなた方が来られるかどうか教えてください。返事があり次第、ゲルダ[33]からの正式の招待状が届くことでしょう。もしあなたが出席してくれるなら、この日は亡命しているすべてのドイツ人のための大きな祝祭となるでしょう。

敬具

アリス

12　アリス・クローナーよりパウル・ティリッヒへ

フィラデルフィア、一九五八年四月一七日(34)

ラインウッド　ガーデンズ
一九〇七B　マザーウェイ
フィラデルフィア一七、ペンシルベニア州
電話　ターナー四―七四七五
〔一九〕五八年四月一七日

パウルス、

一〇日か一四日前のことですが、私はハンナに、あなた方がニューヨークで五月一一日日曜日に行なわれる私たちの金婚式にいらっしゃれるかどうか手紙を書きました。急いで返事をいただければ幸いです。正式な招待状はゲルダから送られるはずです。しかし彼女への返事はあとになってもかまいません。私への返事のほうがより重要です。

敬具　アリス

13　パウル・ティリリヒよりアリス・クローナーへ

発信場所不詳〔おそらくハーヴァード〕、一九五八年四月一七日[35]〔英文〕

一九五八年四月一七日

アリス・クローナー夫人
ラインウッド　ガーデンズ
一九〇七B　マザーウェイ
フィラデルフィア一七、〔ペンシルベニア州〕

アリスへ、

本日になってようやく私はあなたの手紙を受け取りました。というのもハンナと私は、別々の都合で出かけていたからです。[36]私は返事が遅れてしまったことについて怖れを感じています。どうぞお赦しください。

実情は次の通りです。私はコーネル〔大学〕で一〇日間の集中講義を受け持っており、五月一二日がちょうどその講義の真ん中にあたります。私はこの予定をいまから変更することはできません。またその集中講義の期間、大学から離れることはできません。そして一七日には私はヨーロッパへと旅立たねばならないのです。ですから私たちはあなた方の金婚式を欠席せざるをえません。しかし私はこう考えています。あなた方が完全にお互いの中にいるので、他の人による祝福は必要ないほどだと感じているのです。ただ感謝のみが適切なのでしょう。[37]

愛をこめて
敬具

14 パウル・ティリヒよりリヒャルトとアリス・クローナーへ

絵葉書、発信場所不詳、国際郵便、［おそらく一九五八年夏］[38]

［絵葉書の写真は］ダルボス峠とモンブラン山脈、シャレ・イデアル・スポールより撮影したもの

〔アリスとリヒャルト〕お二人へ、

困難な日程であったハンブルク滞在の数週間（一日一八時間働き、三つの翻訳の校正をし、ベルリンとハンブルクを八回飛行機で往復し、多くの人たちと会いました）のあと、ここで、

そう、最良のワインと食事のついた静かなペンションで、ゆったりとした時間を過ごしています。リフトが私たちを高い場所へと連れて行ってくれます。なんと直接モンブランの前へ連れて行くのです。それはなんと素晴らしいことでしょうか。すべてがうまくいきますように。愛をこめて。古くからの友人パウルスより

15　リヒャルト・クローナーよりパウル・ティリヒへ

フィラデルフィア、一九五九年二月二七日(39)

ラインウッド　ガーデンズ
一九〇七B　マザーウェイ
フィラデルフィア　一七、ペンシルベニア州
電話　ターナー四―七四七五
〔一九〕五九年二月二七日

パウルス、

きみの耳には最近届いているのではないでしょうか。なぜなら私は自分の心の中できみと何度も多くのことを語り合ったのですから。私はハンブルク・ベルクシュテットのプロテスタン

ト出版社から刊行されている「キェリュグマと神話」叢書を取り寄せ、〔ルドルフ・ブルトマンが提唱した〕脱神話化に関するさまざまな議論について調べていました。[40] その結果、私は次のような意見をもつようになったことをお知らせします。すなわち、私はそのなかで述べられているカール・バルトの見解は、最悪のもの、きわめて不適切なもの、不十分なもの、またそのうえほとんど真実でないものと思っています。またブルトマンの説明は、現代の自然科学に対する妄信という先入見に捕らわれているように思えます。[41] そんななかで、私はきみがきみ自身の受肉や復活についての体系のなかで説明しなければならなかったことについても読んだのです。そしてこう思ったのです。きみの立論は、今日のヨーロッパの神学者たちがそのことについて語っていることすべてよりはるかに満足のいくものですし、それらすべてのなかでもっとも深い議論だと思いました。（いくつかのカトリックの発言もまさに共感を呼ぶものでした。）

私は、私の著作〔『哲学史における思弁と啓示』〕の第三巻の草稿を書き終えました。第二巻は年末には刊行されるでしょう。[42] きみがもうなにも読まないことにした、と決めていることはとても残念なことです。

きみはせめて〔ホリス・バステルナークの〕『ドクトル・ジバゴ』くらいは読まないのですか。私はきみとこの本について話すことができればと願っています。

きみたちのところのすべてのことが「うまくいく」ように願っています。私たちのところはまずまずうまくいっています。

敬具

リヒャルト・クローナー

16　パウル・ティリヒよりリヒャルト・クローナーへ

ハーヴァード、一九五九年四月二一日(43)〔英文〕

ハーヴァード大学神学部
四五　フランシス通り
ケンブリッジ三八、マサチューセッツ
一九五九年四月二一日

リヒャルト・クローナー博士
一九〇七B　マザーウェイ
ラインウッド　ガーデンズ

フィラデルフィア一七、ペンシルベニア州

リヒャルト、

最近刊行した私の『文化の神学』(44)をきみは受け取ってくれたことと思います。この書物を刊行した理由は、この論文集に収録したいくつかの論説は途切れることなく注文が入っており、いずれも再版されなければならないような状況だったからです。

ところで私は最近、きみの書いた小さな書物〔『自己省察』〕を読みました。そのなかできみはじつに美しい仕方で、過激な懐疑を克服するために、真理からものごとを説き起こすアウグスティヌスの議論を利用していますね。(45)私はきみのここでの議論に心から賛同します。つまり私の賛同というのは、きみが対話のなかで行なっているような方法で、私たちの議論に導かれる学生が多くいるように、という希望のことです。

敬具

〔自署〕パウルス

パウル・ティリヒ

17　リヒャルト・クローナーよりパウル・ティリヒへ

フィラデルフィア、一九五九年九月三日(46)

ラインウッド　ガーデンズ
一九〇七B　マザーウェイ
フィラデルフィア一七、ペンシルベニア州
電話　ターナー四―七四七五
〔一九〕五九年九月三日

パウルス、
私たちは、きみたちのご子息〔ルネ・デカルト・ティリヒ〕が結婚したという嬉しい知らせを受け取りました。私たちは、きみたちのご子息に、彼の若いご夫人に、きみたち両親に、この出来事から最善の実りが生じるようにと願っています。ところであなたのご子息の夫人は〔名前から推測すると〕当地の哲学者〔ジョン・ダニエル・ワイルド〕のご令嬢ですか(47)。
　さて、私はまだきみがくれた手紙へのお礼を述べてはいませんでした。あの手紙のなかで、きみは私の『自己省察』に賛同してくれたのですね(48)。私はそのことに特別の喜びを感じています。[49] またそのあとで、私はドイツからこの小さな書物についての好意的な書評を受け取りました。[50] ところで、私は私の思想とアウグスティヌスとの連関などまったく意識していませんでした。しかしきみの見方は正しいのです。一一月に刊行される予定の書物、つまりキリスト教哲学の時代を扱った私の〔『哲学史における思弁と啓示』の〕第二巻で、私はアウグスティヌスに高い評価を与えているのです。[51]

また『文化の神学』[52]を送ってくださったことにとても感謝しています。この著作は、きみの思索の幅広さと深さを証していますし、私がきみとの長い友情のなかで抱いてきたこと、また私を本質的に豊かにしてくれた旧きまた新しき印象をいま一度思い起こさせてくれました。

ちょうど同じ頃に〔フィヨードル・〕シュテプーンは私に彼の新しい書物『ボルシェヴィズムとキリスト教的実存』[53]を送ってくれました。またボルシェヴィズムとキリスト教的実存とを相互に結びつける彼の方法と、きみが共産主義について語っている方法と比較してみることは私には大変面白いことです。シュテプーンの書物で、私が特に魅力を感じたことは、彼がロシアの歴史について語っている点で、皇帝教皇主義とそれに関する文学についてでした。「デーモンたち」と彼らのロシア革命についての預言者的な捉え方の分析は、私にとって見事だと思えたのでした。[54] この本は、非常に大きな成功を収めているようで、一万七〇〇〇部が三か月の間に売られたそうです。[55]

私は、『哲学史における思弁と啓示』の三巻本で、思弁の歴史をいちおう終えることができました。今後は、最後に私の形而上学を書きたいと思っています。しかしこの企画についてはいろいろと心配もしています……。

マルティン・フォスは、形而上学についての書物をドイツ語で刊行しました。『抽象と現実性』というものです。そんなに悪くなく、むしろ成功した、大胆な企画です。ただ私にはそれはあまりにも直観的すぎるように思えます。十分に概念的に組み立てられていないように見えるのです(56)。

どうぞ奥様に、ご子息に、私がその「出来事」を喜んで祝していたことをお伝えください。

いつもと変わらない思いで

リヒャルト　K〔クローナー〕

18　パウル・ティリヒよりリヒャルト・クローナーへ

発信場所不詳〔おそらくハーヴァード〕、一九五九年一一月一二日(57)〔英文〕

一九五九年一一月一二日

リヒャルト・クローナー博士

一九〇七B　マザーウェイ
ラインウッド　ガーデンズ
フィラデルフィア　一七、ペンシルベニア州

リヒャルト、

思弁、啓示またキリスト教哲学について扱ったきみの『哲学史における思弁と啓示』第二巻を感謝して受け取りました。(58) 私はこの本をこれからも大切に読みたいと願っています。ですから私が三月二七日日曜日、フィラデルフィアに行くとき、きみとこの本の内容について話をしたいと思います。

ハンナと私は日本に行くこと、その際四月二九日にここを出発して、世界各地を巡り、パリ経由で九月九日に戻ってくるという計画が確定しました。(59) 私は、期待というよりも、不安と身震いをもってこの予定を迎えようとしています。

きみとアリスはいかがですか。きみたち二人に心からの挨拶申し上げます

敬具

19　リヒャルト・クローナーよりパウル・ティリヒへ

フィラデルフィア、一九五九年一一月一五日(60)

ラインウッド　ガーデンズ
一九〇七B　マザーウェイ
フィラデルフィア一七、ペンシルベニア州
電話　ターナー四―七四七五
一九五九年一一月一五日

パウルス、

きみの手紙に心から感謝しています。私は、三月にここできみと会えることを楽しみにしています。私は、世界一周旅行をするというきみとハンナの勇気に驚いています。当地のある友人が、すでに七〇歳だったのですが、昨年世界一周旅行をしました。彼は旅行を終えて、若々しくなり、また力強くもなって戻ってきたのです。ですから私は彼に毎年同じ旅行を計画するように進言しようと思ったほどです。（マルティン・フォス、かつてのフックスです、彼がごく最近、ドイツ語で面白い書物を刊行しました。『抽象と現実性』という題です。(61)）

リヒャルト

20　パウル・ティリヒから、手書きの追伸のついた、友人と親族への近況報告（回覧書簡）

発信地不明、［一九五九年秋］(62)

パウル・ティリヒからの近況報告

夏の始まりからもっとも重要であったことは、イーストハンプトンの家で、『組織神学』第三巻の仕事を四か月間にわたって滞りなく続けることができたということでした。その結果、印刷頁にして三〇〇頁以上の原稿が作成されたのです。もっとも、第三巻全体によって私の体系のすべてを提示するまでには、さらに一五〇頁ほどの分量の原稿が書かれることになるでしょう。その間の唯一の中断は、八月に私の同僚〔ジョン・ダニエル・ワイルド〕の娘マリー・ワイルドと私の息子ルネ〔・デカルト〕の結婚でした。〔秋の〕学期が始まってからは仕事はゆっくりとしか前進しなくなりました。というのも、〔講義が始まると〕集中力を持続することが不可能だからです。みなさんはご理解してくださることと思いますが、私は、このような状況のなかで、あらゆる対外的な講演のみならず、すべての個人的な依頼、ほとんどすべての社交上の諸活動を放棄しなければならなかったのです。私の年齢を考えますと、断片から全体を生み出すための時間は、(集中力も低下するわけですから)もはや多くは残されていないのです。このような状況、まさにこの執筆以外のことは何もないのだということが、私のこのところの長い沈黙を説明しているわけです。それでも触れないわけにはいかない二人の死去がありました。そのことで私は悲嘆に暮れていました。私の一九〇四年以来の友人であるフォン・ヘルマン〔ママ〕・シャフトがカッセルで亡くなりました。また二〇年代に宗教社会主義運動を共に担ってきた活動的な指導者であったフランクフルトのフォン・カロルス・メニッケです。この時代に関することは、私の〔おそらく〕全体で九巻になるはずの『全集』の第一巻に収録されることになっていたのですが、それがついに数週間前から刊行されることになり、ふたたび思い起こしているところでした。その巻のタイトルは、「初期主要著作」となっています。以下に続くこの全集の巻のために〔私が亡命後に書いた著作を〕英語からドイツ語へと翻訳することは、それが本業になってしまうような仕事ではありますが、実際には「副業」にすぎません。力(仕事のための時間)が弱まっていることのほかに問題はなく、健康については順調です。ハンナと子供たちも同様です。

さてもうひとつ私たちの〔今後の〕もろもろの計画についてかいつまんでお知らせしておきましょう。一二月二〇日にハンナと私は飛行機でカリフォルニアに行く予定です。そこで私は、一月八日から一二日の間に四つの講義を行ないます。私たちは、クリスマスと正月をパーム・

スプリングという砂漠で楽しく過ごしたいと願っています。一月中旬にはニューヨークとイーストハンプトンに戻る予定です。そして二月から四月の終わりまでは、たくさんのことが詰め込まれたこの学期を耐え抜くつもりです。

四月二八日、私たちは日本へ飛行機で行く予定です。私は二か月間、京都と東京でいくつかの講義をするためハンナと招待されているのです。長い間迷っていたのですが、私たちは、さらに〔日本の〕帰りにアジアとヨーロッパを経由することにしました。その間に四週間インドに滞在することにしています。旅行の費用は、世界を飛行機で一周するのと、ただ日本との間を往復するのとでは同じくらいなのです。そしてその費用は〔日本からの〕招待の経費によって十分にまかなうことができるのです。いかに多くの私の同僚たちがすでに東アジアを訪問したことでしょう。その数には驚いてしまいます。そこに行ったことがないということは、彼らに遅れをとると感じてしまうほどです。その地がどれほど私たち二人にとって人間としても重要であり、また私にとっては神学的に重要であるかはわかりません。健康が維持されるかどうか、またこの間に世界史が動く可能性についても、私たちはもちろん計算に入れています。さしあたりの旅行のルートは、ニューヨーク、サンフランシスコ、ハワイ、東京またその他の日本の地、香港、サンハイ〔ママ〕、バンコク、コルカタ、パトナ、ネパール（世界の屋根）、ベナレス、ニューデリー、カシュミール、ボンベイ〔現在ムンバイ〕、ダマスカス、イスタムブール〔ママ〕、パリ、ニューヨーク（イスタムブールの代わりにひょっとしたらカイロかもしれません）。九月半ばに戻ってきます。一九六一年夏には、私たちは、ハンブルクでの集中講義のあと、エルサレムに招待されています。そこで私はいくつかの大学で講演をすることになっています。すべては、私たちにとって素晴らしいと思えることばかりです。（私はインドで七四歳となり、エルサレムで七五歳となるでしょう。）

この間、旅行時の私への手紙のもっとも確かな宛先は、ハーヴァード大学神学部、四五　フランシス通り、ケンブリッジ三八、マサ〔チューセッツ〕です。

〔手書きで追伸〕

リヒャルトとアリス！

これが今後の計画です。実際どうなるかはわかりません。もしかすると私たちは、このような旅行のためにはもう歳を取りすぎているかもしれません。しかし私たちは、それを行なうことは、若返ることだと〔きみたちから〕聞いています。きみたちは元気ですか。三月二七日にいつもの説教を〔フィラデルフィアのユニテリアンの教会で〕行なう予定です。そのとき会えることを願っています。

パウルス

21　アリス・クローナーよりパウル・ティリヒへ

フィラデルフィア、一九六〇年三月一〇日(63)〔英文〕

ラインウッド　ガーデンズ
一九〇七B　マザーウェイ
フィラデルフィア一七、ペンシルベニア州
電話　ターナー四―七四七五
〔一九〕六〇年三月一〇日

パウルス、

あなたがこちらを訪ねてくださるとのお知らせに感謝いたします。私たちは三月二七日の日曜日にあなたがたとご一緒できることをとても嬉しく思っています。場所については、あなたがたがこちらに来られたときに決めればよいと考えています。私たちはこの冬とても弱っておりました。しかしその状況も、このところいくらか「和やかなもの」になりつつあります。リヒャルトは町まで運転するのを好まないのですが、私は料理をすることが好きになりつつあります。ですから私は料理をすることに最善を尽くしたいと思っております。〔ということは運転を好まないリヒャルトがあなたがたを車で迎えに行くことになるでしょう。〕リヒャルトが、教会であなたがたに〔場所などの予定の詳細を〕説明することになるでしょう。しかしもしあなたがたがもっと早く知らせて欲しいならば電話をください。電話番号はこの手紙に記してある通りです。

あなたとハンナに愛をこめて

アリス

22　パウル・ティリヒよりリヒャルトとアリス・クローナーへ

絵葉書、発信場所不詳、航空便〔日本、一九六〇年六月終わり〕[64]

航空便

クローナー教授夫妻
一九〇七B　マザーウェイ
ラインウッド　ガーデンズ
フィラデルフィア　一七（ペンシルベニア州）
USA

〔絵葉書の写真は奈良の大仏を撮影したもの〕

リヒャルトとアリスへ。九週間にもわたって難しい仕事をしました。〔ここで出会ったのは〕驚くほど素敵な人々です。ヨーロッパに似た風景。淡く穏やかな芸術。多くの仏教徒と、一者ということについて、無について、また信仰について討論をしています。のちほどご報告します。

パウルス

23 リヒャルト・クローナーよりパウル・ティリヒへ

フィラデルフィア、一九六一年四月八日(65)

ラインウッド　ガーデンズ
一九〇七B　マザーウェイ
フィラデルフィア一七、ペンシルベニア州
電話　ターナー四―七四七五
〔一九〕六一年四月八日

パウルス、

最近になってようやく私は、きみが今年計画していた当地のユニテリアン教会での説教を取りやめにしたこと、しかもその理由が「病気」であるということを聞きました。私はこの知らせを聞いてとても心配しています。どうぞ私にごく短くてよいですから、この「病気」がまだ続いているのか、それともそれはただの一過性のインフルエンザのようなものにすぎないのかを知らせてください。あるいは詳しく説明してください。

私たちの方は、この冬もあまり調子がよくありませんでした。私は、一月初旬に胃と腸を悪くするインフルエンザにかかってしまいました。そしていまだにその影響が残っていると感じているほどです。

最善の祝福と心よりのご挨拶をもって

リヒャルト

24　アリス・クローナーよりパウル・ティリヒへ

フィラデルフィア、一九六一年四月一〇日(66)

ラインウッド　ガーデンズ
一九〇七B　マザーウェイ
フィラデルフィア一七、ペンシルベニア州
電話　ターナー四―七四七五
〔一九〕六一年四月一〇日

パウルス、

私たちはあなた方の訪問がなかったことをとても残念に思っております。私たちは、あなたの病気が重大なものではなく、また長引くことのないようなものであることを願っています。

クリスマスにあなたの秘書が「忘れることと忘れること［忘れられること］」〔この説教は *The Eternal Now*, Charles Scribner's Son, 1963（茂洋訳『永遠の今』新教出版社、一九八六年）に収録された〕というあなたの説教を送ってくれました。私はいつも、あなたの説教によって何かを得ていることを誇りに思い、また感謝してもいるのです。〔しかし今回〕私はまだそのことについてあなたに感謝していませんでした。〔このように感じていることの〕ひとつの理由はリヒャルトの病気のためですし、もうひとつの理由は私自身が七五歳となり、ますます弱ってきていることから――私は自分自身が七五歳であることをこの身体で実感しています――きています。私はいま感謝をしないことに「罪」を感じますので、感謝するのを控えることは卑しいことだと思います。また私は感謝することで、後悔していることを埋め合わせてもいるのです。

私にとっては忘却したことが甦ってくるということはありません。というのも私の人生は、直線的に経過しているのですから。

しかし忘却されることは確かに増えてくるのです。

私たちはたいへん親密な家族共同体のなかで成長してきました。ですから死者たちも私たちとともに生きているかのようです。そして私に精神的に影響を及ぼした人々、あるいはさまざまな作品を残していった人々はすべて、私にとっていま生きている人たちよりもより生き生きとしているのです。しかしいまのように気持ちが動揺しているような状況ではそれとは違う状況のなかにいます。死がかなり強い力をもっているのです。そしてもっとも大きな霊それ自体が、この制約された人生の時間のなかに入り込んできているのです。この問題が私に大きな痛みを伴って関わってくるのです。ですから私はあなたの説教を強い関心をもって読んだのでした。

不誠実で忘れっぽいハンナによろしくお伝えください。

また感謝をもって、挨拶を送ります

アリス

25　パウル・ティリヒよりリヒャルト・クローナーへ

ハーヴァード、一九六一年四月一二日[67]〔英文〕

ハーヴァード大学神学部

四五　フランシス通り

ケンブリッジ三八、マサチューセッツ

一九六一年四月一二日

リヒャルトとアリス、

きみの手紙と、私の身体についてご親切にも心配してくださっていることに感謝しています。なぜ私が三月にユニテリアンの教会で説教する仕事をキャンセルしたかと言えば、私が毎週のように外部からの依頼の仕事をした結果、一一月の終わりになって、一種の疲れと、知的な空虚感さえも感じるようになっていたからなのです。私は、キャンセルを願い出る手紙のなかではっきりとこの状態について書きました。しかし人々は、今回のようにこの言葉を大変大げさに受け止めたのでしょう。実のところ、私は十分健康であって、この間にもテキサスのヒューストンにあるライス大学で三日間の講義をし、そのときにもかなり多くの討論の機会をもつことができたのです。

またキャンセルした日の次の日曜日にも、マサチューセッツ工科大学の一〇〇周年記念の行事でオルダス・ハクスレイ、ロバート・オッペンハイマー、ジェロム・ブルナーといっしょにパネル・ディスカッションも行ないました。[68] そしてそれを終えて日曜日と月曜日にニューヨーク市で講義をすることもできたのです。四月二六日には私はブレーメン経由でブレーメンハフェンに行き、今年は学部長をしている〔ヘルムート・〕ティーリケの〔組織〕神学講義の代講をしました。

ハンナは六月終わりには私に同行して〔ヨーロッパに行く〕ことになるでしょう。八月には私たちはスイスの山に行く予定にしています。それにしてもあなた方がそんなに調子がよくないことは残念です。そして私はあなた方の家での素敵な昼食会を逃してしまったのです。

私の秘書が、フィラデルフィアで渡そうと思っていた説教の原稿をあなた方に送ってくれるはずです。

あなた方はこの夏どこにいらっしゃいますか。

心からの挨拶をもって

敬具

［手書き］パウルス
パウル・ティリヒ

フィラデルフィア、一九六一年六月四日(69)

26　リヒャルト・クローナーよりパウル・ティリヒへ

ユニオン神学校
ブロードウェイ　一二〇番街
ニューヨーク二七、ニューヨーク州

フィラデルフィア、一九六一年六月四日

パウルス、

私がきみとの個人的な関係について言いうる最善でもっとも真実なことは、私は、きみに逢えたことを大きな幸運だと、摂理によって私に与えられた贈り物であると考えていることです。この出会いから生じたものは計り知れません。それは私の思索の方向性を決定的に規定しただけではなく、私の魂に対しても幸いなる帰結をもたらしました。それが私の内面的な運命を形成したのです。私にとっては外面的なことよりもずっと重要なものだと思われる内面的な運命を形成しているのです。そのことが、世俗的な観点だけでなく、精神的な観点でも私を「救ってくれた」のでした。

死は、私たちが地上で享受し、活動して、讃嘆し、また愛したすべてのものからの別れですから、私はきみに、きみがこの終わりへの準備を、怖れを抱かず、また嘆くことなく経験してくれることを希望しています。こう思うのです。私たちには調子が良いときだけなく、悪いときもあります。また調子が良くないときは、まさに本来的な意味で宗教的なときでしょう。たとえ調子の良さを取り戻すようにと宗教が私たちに提供してくれるあらゆる譬えを私たちが拒否するときでさえも。

そしてそのようにいまものちも、（ゲーテが歳を取ったときにしばしば彼の手紙をこの言葉によって終えるのを常としていました。）

リヒャルトより

27 アリス・クローナーよりパウル・ティリヒへ

フィラデルフィア、一九六一年七月四日[70]

パウルス、

ハンナはあなたに対しては驚くほどに控えめにしているように私には思えます。彼女は、最初の出会いのときから、ただひとつのイメージを要求するだけなのです。[71] そして彼女は私にとってはとても要求が多いように思えます。たとえば彼女は〔あなたのような〕有名な神学者に祝辞を述べるようにと私に懇願してくるのです。しかし私はただ「カルペレス」というもっとも好きな言葉を書くことができるだけです。[72] あなたは、おそらくたいへん美しい、日本製のクリスマスカードを覚えておられるでしょう。それはパウル・ケンプナーが彼のドイツの友人たちに、ただ一度だけ送ったカードでもあるのです。そこにはただこの言葉〔「カルペレス」〕と彼とマルガ〔リータ〕の名前だけが印刷されていました。

しかし私にはあやしげな、そして臆病な思いが生じているようです。そして私はたとえあと少しの間であってもあなたのもとに留まっていたいので、私は私たちに共通する唯一の事柄とあなたを結びつけようとしているのです。つまり七五歳であるということです。四分の三世紀ですよ。あなたは、一度リヒャルトに、きみは、きみが自らなしたことに満足していないね、と言ったことがあります。リヒャルトがもし自分自身に満足していないというのであれば、私は彼自身の不信仰を、いや彼に敬虔さが欠けていると言って彼自身を咎めるでしょう。「そんなことがあるはずはありません。」もし私が、あなたの演習で、完全に私の能力の不足から生じているようなことが起こったとしたら、私はこう言うでしょう。「より高きお方が、あるいは何かより高いものが、私のような癌を創造なさったのであれば、私には確かに罪はありませんし、また私は自分に満足するはずです。いまや、この私の老いた身体は私のもろもろの行動を、私がなさねばならないことを、しだいに、しかし確実に困難にしてしまっているので、私はまだなんとかきちんと行なえているのだと、自分自身を慰めていて、私は自分自身にそのことで満足しているのです」。

私は、あなたがあなた自身とともにあり、そうあり続けるように希望し、望みます。あなたを驚かせ、あなた自身を喜べることを行なえるようにと願っています。それらのもとで。

アリス・クローナー

28　パウル・ティリヒよりリヒャルトとアリス・クローナーへ

発信場所不詳、航空便［一九六一年七月四日以降[73]］

リヒャルト、そしてアリス、きみたちはそれぞれの手紙のなかで、なんと素敵なことを山ほど書いてくれているのでしょうか。リヒャルトは、彼が思ったこと、そして私が彼に言いたかったことについて書いてくれています。またアリスは、終わりの時にいたるまでの存在への肯定についてです。きみたちの友情の印に、またあの輝かしいドレスデン時代の思い出の光景にも感謝しています。――また私は「永遠なるものの次元」についての問いが、伝統的な象徴をもってしては解決できないという点でリヒャルトと一致しています。しかし私は、（自分自身のものも含めて）人生の最後について何かを正直に言うことができるでしょうか。私はきみに、そしてキリスト教徒たちに、私が「異邦人とユダヤ人」という問題を問うたように尋ねるのです。（パウル・ケンプナーもそのように問いました。そして私の答えは、彼には役に立たなかったようです。）ですから私にもわかりません……。「そして私はアリスの親切な言葉［ママ］にも関わらず……常に自分自身に満足できないままでいるのです」。

パウルス

29 アリス・クローナーよりパウル・ティリヒへ

フィラデルフィア、一九六二年一月一一日(74)

ラインウッド　ガーデンズ
一九〇七B　マザーウェイ
フィラデルフィア一七、ペンシルベニア州
電話　ターナー四―七四七五
〔一九〕六二年一月一一日

パウルス
あなたが一月になってもフィラデルフィアに来ることができないようなので、私は残念ながらあなたのために料理をすることができなくなるようです。というのもリヒャルトは、オースティンのテキサス大学で、第二学期に講義をするように要請を受けたのです。大学院でのヘーゲルの精神現象学〔「現象学」のみ英語〕についての演習、学部上級生のための実存思想についての週三コマの講義です。このことが彼をとても元気づけていますし、私たちは、彼に仕事が増えたことを喜び、その仕事をきちんとこなすことができるようにと望んでいます。私の心臓のトラブルによって、この計画をつぶしてしまってはいけないので、私たちは、三〇日には飛行機で出かけようと考えています。(75)

テキサスは彼をふさわしい人として考えてくれたのち、さまざまな別の要求があたかも幽霊のように現われ出てくるのです。「あまりにも多くのことが、あまりにも遅くやってくる」〔英文〕ということを私は、私たちの合わせて一五四年の人生のなかでしばしば実感しているのです。

あなたがたはどうですか。

私が不本意ながらこの場所を離れ、不在になることで、機会を逃してしまったことのなかに、あなたの訪問も含まれているのです。

あなたとハンナ、「カルペレス(76)」

アリス

この手紙を私はまさにマルガ〔リータ〕の誕生日に書いていました。(77) この長き友情は、いまやまた過去のものになりつつあります。

［手書き。リヒャルト・クローナーの追伸］私は何度もきみと話をしました。そう、私の心の

うちで。私がそのさい心配していたことは、今年も健やかでいられるかどうかということです。

怖れを感じています。私からきみたちに新年の挨拶を申し述べます。リヒャルト。

30 パウル・ティリヒよりリヒャルト・クローナーへ

ハーヴァード、一九六二年二月七日[78]

ハーヴァード大学神学部
学部長事務室
四五 フランシス通り
ケンブリッジ三八、マサチューセッツ

一九六二年二月七日

リヒャルト・クローナー教授
ラインウッド ガーデンズ
一九〇七B マザーウェイ
フィラデルフィア一七、ペンシルベニア州

アリスとリヒャルト、

一月一一日のきみたちからの手紙に、またそこに書かれていたこと、つまりリヒャルトがアメリカの超人たちの州、テキサスに呼ばれたという嬉しい知らせを心より感謝しています。このところ私はかなり調子が悪かったのです。一二月三日から一四日間入院していました。その後もさらに四週間イーストハンプトンで静養していました。そして本日新しい学期が始まりました。しかしまだ依然としてまったく元気が出ません。ですから私は、ほとんどの約束を、そしておそらくフィラデルフィアでの約束もお断りしなければならなかったでしょう。しかし私は、このままあいかわらずの健康状態が続くようであれば、大変残念なことですが、私たちの間ではもう習慣化しているフィラデルフィアでの礼拝ごとの再会を果たせなくなるかもしれません。そもそもこの再会が、私がフィラデルフィアでの礼拝説教を引き受けた主要な理由であったわけですが。ところでどうかテキサスでどのように過ごしておられるか一度お手紙をください。私自身は、それを断念する必要がなければ、五月六、七、八日にそちらに、それもダラスにまで行く予定があります。

お元気で、心よりのご挨拶を申し上げます

[手書き] パウルス

31　リヒャルト・クローナーよりパウル・ティリヒへ

オースティン、テキサス、一九六二年四月七日(79)

テキサス大学
オースティン

哲学部
一九六二年四月七日

パウルス、
きみの調子が良くないと聞き、とても気の毒に思っています。私たちはこの障害が通り過ぎて行くようにと願っています。フィラデルフィアから転送されてきた手紙によれば、きみがテンプル大［学］でひとつの講義を担当すると書かれていました。そのことから予想するのですが、私たちの既述の願いはすでに成就しているのですね。また私たちが今回、きみをゲストとしてこちらに迎えるということを断念しなければならないのは大変残念なことです。この冬、こちらの大学の第二学期の責任を果たすことはとても魅力的だったので、私はそれを受け入れることにしました。ところが残念なことにアリスは、三月の初めにとても高い熱をともなった気管支炎のひどい発作を起こしたのです。それで私は一週間の間、彼女の生命について心配するほどでした。しかしながら彼女の心臓は、この危険な状況を耐え抜いてくれたのです。右側の肺も病に侵されていて、医者は肺炎の危険性もあると説明してくれました。ですから私は、ご想像の通り簡単には講義を続けることはできなかったのです。そしてそんなときに私たちにはなんと食事についてまったく助けがなかったのです。ひどい四週間が過ぎました。いまようやく通常の健康状態となりました。しかしアリスの体温はまだ通常のレベルにまで下がってはいません。

　ゲッティンゲンの友人たちが私たちに手紙をくれました。きみの写真が新聞に載っていたのです。そこから推察するわけですが、きみはまたあの地で講義をしたのでしょうか。また私たちは、きみがドイツで新しい顕彰を受けたと聞きました[80]。きみはどのようにしてこれらのさまざまな要求、称賛、そして任命から自らの身を守るのでしょうか。しかしきみは知っている通り、私はきみより先にドレスデンに赴任しましたが、きみがそこにやって来る前に、きみの独創性について気がつき、ひとつの判断をしたのです。この判断が、〔ザクセンの文部大臣ローベルト・〕ウルリヒがきみを呼ぶことに貢献したのです。ですからいまきみの前で起こっているあらゆる成功は、私にとっては予期されていなかったことではないのです。

　ア〔リス〕の不運な病気にもかかわらず、私はここでの大学人としての生活を後悔してはいません。なぜなら若く、勉強熱心で、熱中していて、また高い理想に満たされている若者たちとの討論は、私を若返らせてくれるからです。特にヘーゲルの精神現象学についての二時間半の演習には、しばしば骨の折れる時間となるほどに熱心な学生が参加しているのです。私はここでそのような演習をすることで、さらに多くのことを学んでもいるのです。

テンプル大学（合衆国でもっとも名誉ある学校のひとつですが）の宗教学部の学部長である〔ベルナート・〕フィリップ教授[81]が私に、きみがハーヴァードで講義をする契約が終了する場合には、きみがフィラデルフィアで定期的により多くの講演をする可能性について、私がきみを説得することができるかと尋ねてきました。そのことをとり急ぎきみに伝えておきます。夜の影が私たちの上に降りてきて、すべての生命と私たちの教師としての人生を終えてしまう前に、私たちがもう一度かつてのように、ドレスデンの同じ学校で教えていたときのようにいっしょに働くことができたらなんと意義深いことでしょう。

私はこちらでゲッティンゲンから来ているドイツ人交換生（フェネルさん）[82]と知り合いました。その美しさと活発な姿を見れば、きみはほとんど言葉を失ってしまうことでしょう。またもうひとりの交換留学生（彼はフェネルさんと親しいのですが）はシラーのような鼻と輝く目をもっているのですが、私のヘーゲルの演習に参加しています。

いつものように変わらぬ挨拶を

R〔リヒャルト〕

32　パウル・ティリヒよりリヒャルト・クローナーへ

ハーヴァード、一九六二年五月二日(83)

ハーヴァード大学神学部
四五　フランシス通り
ケンブリッジ三八、マサチューセッツ

一九六二年五月二日

リヒャルト・クローナー教授
四〇七西一八番街
オースティン一、テキサス州

リヒャルト、
四月七日のきみの手紙と、その手紙によってもたらされたすべての知らせに感謝しています。

アリスの健康状態についての悲しい知らせは大変残念でした。アリスの健康の恢復を心から願っています。

ところで私たちはさらにひどい状況にあります。二か月ほど患っている内臓の炎症はまだほとんど恢復していないのに、医者たちが今度は首の腫瘍を発見しました。そのためにビオスコープでその患部を撮影するための小さな手術をすることになったのです。その結果によれば、私にはリンパ腫があったのですが、これは放射線治療でなんとか抑えられることができ、私の年齢ならばそれほど危険ではないということでした。またハンナは、胆嚢の切除をしなければならなくなり、またその結果、膀胱炎を併発することになりました。それでも彼女はかなり体調が良くなったのですが、それでも完全に恢復したというわけではありません。このようなことが今年私たちの身の上に起こっているのです。

私たちはこの夏はイーストハンプトンで過ごす予定です。〔ドイツ出版協会〕平和賞の授賞式のために一四日間ドイツに行く以外は（この平和賞受賞に際しては〔フランクフルトの〕パウル教会での非常に責任のある講演の準備も要求されています）そこにおります。私のハーヴァードでの活動は規約によれば終わりが近づいています。私は、〔ハーヴァードでの責任を終えたあとは〕一年間〔寄附講座のための〕特任教授としてシカゴに招聘されました。私はそれをすでに承諾してしまいました。そのため私は、サンタバーバラに滞在する二月と三月を除いて、学期中はシカゴで過ごすことになります。その次の年もおそらく別の形になるかと思いますが同じような状況です。これが、テンプル大学での講演を増やす可能性についてのきみからの問い合わせへの答えです。講演することはこのような状況では不可能です。どうぞこのような状況を、私の心からの謝意とともに学部長にお伝えください。

きみがこの手紙を受け取るころには、私はおそらくダラス行の飛行機の中でしょう。私はノースヘヴンのメソジスト教会で四回講演をすることになっています。

五月から六月にかけて、私たちは、私たちの書籍と私たちの家財を運びだし、イーストハンプトンの改築を終えた家に運び込む予定です。

心よりのご挨拶と幸運を祈りつつ

きみとアリスに

［手書き］パウルス

パウル・ティリヒ

33　パウル・ティリヒから、手書きの追伸のついた、友人と親族への近況報告（回覧書簡）

シカゴ、一九六四年一二月[84]

シカゴ大学
神学部
スウィフト　ホール
シカゴ、イリノイ州　六〇六三七

一九六四年一二月

みなさま
これは、今年になって、ほとんど、あるいはまったく私どもについての情報をご存じないすべての方々に、いくつかのことを報告するために書かれた手紙です。同時にみなさんにクリスマスと新年のご挨拶を申し上げます。心からの祝いをお伝えしたいと思います。最後には私たちのこれからの計画についてもお知らせすることになるはずです。

みなさんのうちの多くの方々――私はそれがすべての方であることを願っているのですが――が私から受け取った最後の近況報告は、おそらく私たちがチューリッヒから送ったエジプトとイスラエル旅行についての報告だったと思います。その帰りに私たちは、フィレンツェとローマに立ち寄りました。そこで私はクリスマス・イヴにベア枢機卿から歓待を受け、私たちは元旦に教皇が司式するミサに出席しました。いまこのようにして始まった一年が過ぎ去ろうとしているのです。ジェノヴァからニューヨークへと向かう私たちを乗せた船は、バルセロナ、マジョルカ、テネリファに寄港しました。私たちは初めてスペインを訪ねたのでした。

シカゴに戻ったのち、病気の日々が始まりました。気管支炎で肺も軽く冒されていたのでした。それから血液循環に障害があり、ついには憩室炎（内臓の炎症）の激しい発作も引き起こしました。このような状態が六月の終わりになるまで私をシカゴに引きとどめたのでした。一時は病院に入院し、一時は大変美しいホテル住まいを続けたのでした。その結果は、二〇ポンド以上の減量、外出、講演、仕事へのきびしい制限（このなかには手紙を書くことも含まれます）でした。それからイーストハンプトンの自宅に戻り、私たちの「庭園」や海で時間をかけて恢復のときを待ちました。しかし八月になると私はドイツ在住の私の著作を担当する女性編集者と会うことができました。彼女はこちらに来て、四週間にわたって私の『組織神学』第三巻のドイツ語への翻訳の仕事をしてくれました。毎日約六時間かかりました。これらのすべての仕事の間、ハンナは元気でした。そのことが私自身の恢復のために決定的だったのです。

九月には私の妹がベルリンからイーストハンプトンを訪ねてくれました。三週間にわたって彼女はロングアイランド、ニューヨーク、ワシントンの多くの場所を見て回りました。これは彼女にとっては初めてのアメリカ訪問だったのです。

いまシカゴでの秋学期が終わろうとしています。この学期の主な出来事は、私が、大変有名な宗教史学者の〔ミルチャ・〕エリアーデ教授（ルーマニアからの移民で、ソルボンヌ大学教授を経て、現在はシカゴに住んでいます）といっしょに、週に一度行っている夕方の演習です。彼と彼の学生たちは、宗教史の資料に責任をもってくれています。私はその資料をキリスト教的な思考という光のもとで解釈します。あらゆる神学的地域偏狭性の克服のためにはこれ以上よいことはありません。

ところで私は私の講義のスタイルを、それが可能である場合に変更することにしたのです。私自身は講義をしません（シカゴではすでに一年以上していません）。あらかじめ聴講する人々によって準備された問いに、その後は自然とそのなかで生じた問いに答えるのです。私のようにすでに多くのことを書いた者は、なにか新しいことについて講義をすることは難しくなります。しかし学生が私がすでに書いたことについての問いを練り上げてきて、それに答え、さらなる問いに導くための答えを準備してくることはできます。このようにすることで、演習のすべてをより生き生きとさせ、また面白くするのです。私はこの方法を先週、近くにある三つのローマ・カトリック系の諸大学での講義にも適用してみました。私にとっては素晴らしい体験でした。

一九六四年には三冊の著作が刊行されました。『永遠の今』と題された三冊目の説教集は、すでにドイツでも刊行されています。第二に『道徳と彼方』というタイトルのもとに五つの論文（翻訳も含まれています）を収録した著作が刊行されました。第三に『組織神学』第三巻（ドイツ語翻訳も）が刊行されました。さらに私の神学に関する二冊の新しい著作も刊行されました。一冊目は、カール・バルトのもとで研究してきた若いアメリカの神学者のもので、カール・バルトによる面白い序文のついた『パウル・ティリヒの組織神学』という書物です。[85] もう一冊は、『カトリック思想におけるパウル・ティリヒ』というものです。[86] この本は、ドミニコ会士によって編集されて、カトリック系の著者による一五本の論文とそれらに対する私自身からの詳細な返答を含んだものです。先日ドミニコ会士の家でのカクテルパーティで出版の祝いをしました。

さらに長期にわたる私の主要な仕事は、私の二冊の著作をドイツ語に翻訳するということです。翻訳の難しさは、それを自ら経験したことのない人には、想像することができないことでしょう。――さらに新しい刊行物は、地平線の向こうから出現することでしょう。私が昨年サンタバーバラで大学生と行なった討論が録音されていたので、テープ起しをして、現在原稿が編集されています。私も現在その原稿に目を通しているところで、ハーパー〔・アンド・ロー〕社から刊行される予定です。[87]

しかしこれらすべてのことにまして重要なことは、今年一番の大きな贈り物です。八月二七日に〔私たちの長男である〕ルネとマリーがカリフォルニアのバークレーで初めての子供を授かったのです。男の子で、ランデル・ワイルド・ティリヒといいます。ワイルドという名前は、マリーの父親、以前はハーヴァード、いまはイェールにいる哲学教授のジョン・ワイルドから受け継いだものです。私たちは、クリスマスに彼らのところに行き、約一四日間そこに滞在する予定です。一月初旬から三か月間サンタバーバラに行きます。カリフォルニアの南です。そこから戻って、四月と五月、さらに六月初めまで私たちはシカゴにいて、その後は九月までイーストハンプトンに滞在する予定です。秋には私たちは、スペインと、ハンナの希望するインド旅行に行くという壮大な計画を立てています。そしてさらに遠くまで行こうとしているのです。一九六六年には私は八〇歳となります。

ハンナと私からみなさんすべてに新年の挨拶を申し上げます

［手書き］パウルス

住所

私宛ての手紙は次の住所に送ってください。

シカゴ大学、神学部、スウィフト　ホール、シカゴ、イリノイ六〇六三七、アメリカ合衆国

ハンナと私宛ての手紙、また一二月一五日から一月一日まで、ハンナへの個人的な手紙は

ファーフ　モーテル気付
二六〇一　マーソン通り
サンフランシスコ一一（カリフォルニア州）

一月一日から三月二五日まで、ハンナへの個人的な手紙は

オーシャン　パームズ　モーター　ロッジ
二三二　ウエストカブリロ通り
サンタバーバラ（カリフォルニア州）

［手書きの追伸］
リヒャルト、私はこんなことを発見しました。いわゆる空間と時間の克服は、まったく克服であるとは言えません。それはただ自らを見ることとの困難さの克服なのです。しかしそれは生の分散の克服ではないし、克服になりえないでしょう。そして悲劇的なるものが始まるのです。例えば私たちの再会の不可能性はそのことを示しているのです。

きみたち二人に古くからの愛をこめて
パウルス

関連諸文書

補遺1　リヒャルト・クローナー博士〔を紹介する〕（一九四一年）[88]〔英文〕

パウル・ティリヒ

一九二五年に私がはじめてドレスデン工科大学哲学部の同僚としてリヒャルト・クローナー博士と出会ったとき、彼はすでにドイツでは有名な哲学者のひとりであった。彼の学者としての業績はフライブルクで開始された。当時フライブルクでは、ハインリヒ・リッケルト、エドムント・フッサールといった、その時代のもっとも卓越した哲学者たちが仕事をしていた。もっともクローナーはそれ以前から、〔エルンスト・〕トレルチやその他の人々と共に、社会科学や歴史学、また神学や哲学における偉大な学者たちが寄稿するようになった有名な雑誌『ロゴス』を創設したことによって人々にその名を知られていた。

私はのちにそのような場面に具体的に接することになったのであるが、彼はドレスデンで、教育学と哲学の分野のもっとも成功した教授となり、将来教師となる人々に深い影響を与えるようになった。私はあの時代、クローナーや私たちの共通の友人である亡命ロシア人作家フィヨードル・シュテプーンとの間で交わされたさまざまな神学的・哲学的討論を忘れることはできない。四年後にクローナーはキール大学に招聘されることになり、生命力に満ちた大学の哲学者として、並み居る多くの独創的な有名教授たちのなかで、成功の階段を頂点まで駆け上り、そこに留まり続けたのである。ナチスが彼からすべての授業と執筆の可能性を奪い取るときまでは。その後、彼はまずイギリスへの亡命を余儀なくされた。かの地のセイント・アンドリュース大学で彼はギフォード・レクチャーを担当し、その後この国〔アメリカ合衆国〕へとやってきた。講義こそが彼がもっとも愛するものである。彼はそこから生み出された驚くべき贈り物を携えてこの国にやってきた。『カントからヘーゲルまで』という彼のドイツ古典哲学の発展に関する二巻本は、近代思想史についてのもっとも重要で、もっとも頻繁に繙かれている書物のひとつである。しばしば彼はヘーゲル主義者であるかのように言われているが、決してそのような立場にとどまっていたことはなく、現在では以前にもましてそのような立場からは遠ざかっている。しかし彼が、古典的な観念論が再発見された世代に属するということは明らかなことであり、そのことのゆえに、彼の思想は哲学のみならず神学に対しても特別に深い貢献をなし得ているのである。

パウル・ティリヒ

補遺2　生き生きとした理性——アメリカにおける哲学的・神学的思想の基礎(89)

リヒャルト・クローナー

かつてヘーゲルは、彼の『美学』第三巻で「将来のアメリカの生き生きとした理性が、〔ヨーロッパにおける理性の〕無限に進行する特殊化に幽閉されることに勝利する」ときについて語っている。この将来についての叙事詩は、この勝利を、過去のさまざまな叙事詩、つまり東洋に対する西洋の勝利、家父長的に統一されたアジア的輝きに対する自己の限界を知る理性に基づくヨーロッパ的節度の勝利などとは対照的なものである。ヘーゲルは言う。ヨーロッパは大きな分散化に耐えたが、東洋は分節化されなかった。そしてアメリカは統一と多様性とを統合しているように見える。またそのことによって「生き生きとした理性」を発展させているように見える。

このような〔ヘーゲルの〕予見は実際のところ予言的でもあった。アメリカの思想家たちが「プラグマティズム」と名づけているものは、生に働きかけ、また生から切り離されていない理性を示唆していて、それは、精神の統一性を犠牲にすることなく、現実的なものが数多くあることに対して正しく対応しようとする試みである。おそらくこのような理性を哲学体系の形式で表現することは不可能であろう。理性が、生から生まれ、再びそこへと戻っていくためには、あまりにも〔生の現実は〕生々しい。それゆえにプラグマティズムは弱い哲学である。なぜならまさにプラグマティズムの根底にある思考法は生のなかでこそ証明されるものだからである。

この哲学は、元来宗教的基礎づけをもっていた。プラグマティズムは「生き生きとした理性」が現実的なものを貫いていると考えている。なぜならその理性は、道徳性と神に調和するという信仰〔的な確信〕をもっていたからである。ピューリタニズムが、このような信仰を純粋な宗教的形式によって表現していた。そのような意味でプラグマティズムは、ピューリタニズムに疑似哲学的な表現を与えていた。それは、信仰をもって行動する理性、同時に自らを政治的また道徳的に実現する理性、実践理性、すなわちカントのように、純粋な思弁的、形而上学的に構築された体系理性に対する優位をもっている理性である。アメリカの力は、この意志と思考と信仰の根源的な統一によってこそ基礎づけられているのである。哲学と神学の統一もこのことに基づいている。哲学と神学の統一は、ヨーロッパではスコラ学の没落以来、存在していないし、プロテスタントの基礎の上では決して存在しえなかった。

ところが今日では〔アメリカ的理性の基礎ともいうべき〕この根源的統一が粉々に砕けてしまっているのだ。アメリカは二〇世紀になってますますヨーロッパ化してしまったのだ。それでもまだ哲学への関心が神学的な動機をもっており、神学は哲学的表現を常に模索してもいる。アルフレッド・N・ホワイトヘッドのような科学的厳密性に基づく体系でさえ、なお神学的頂点をもっているのである。ホワイトヘッドの弟子のチャ〔ールズ〕・ハーツホーンは、まさに哲学的神学者と呼ぶべき立場にある。

ホ〔ーラース〕・ブッシュネルからペ〔ーター〕・ヴァン・ドゥーセンやヘンリー・S・コフィンまでの「自由主義神学」は、伝統的なイギリスの経験主義、あるいはほとんどプラグマティズムと言ってもよいような哲学的実在論と類似している。この自由主義神学は、キリスト教信仰のなかの実践的、倫理的、行動主義的な要素を強調している。この神学は、信仰それ自体が担っている世界を改変する力についての理論的表現なのである。それは〔キリスト教の〕福音を社会的諸精神のなかで解釈しようと試みるのである。

この〔アメリカ的な〕神学的自由主義とプラグマティズムに対して二人の思想家、ドイツの血筋をもつ二人の神学者ラインホールド・ニーバーとパウル・ティリヒが立ち向かっている。人々は次のような見方で一致していると言ってよいであろう。すなわちこの二人は、今日アメリカで（また多くのアメリカ人は、世界中でと思っているのだが）もっとも偉大な神学者と見なされている。ニーバーの父は、ドイツから移住したプロテスタントの牧師であり、ティリヒ自身は、一九三三年に〔ドイツを追われ〕アメリカに移住した。二人は明らかに、その思想のなかでドイツ的な血筋を表現している。ニーバーは、ティリヒよりもアメリカ的である。ティリヒは、ドイツ精神のなかで育てられたのであり、今日でもなおそのなかにいる。二人は哲学者であり、同時に神学者でもある。しかしティリヒはより体系的であり、ニーバーはより経験的に思索する。

ときおりニーバーの神学は、「新正統主義」と呼ばれる。しかしこれはアイロニックな判定でしかない。彼がキリスト教の「正統的な」諸要素を強調していること、とりわけ不可避的な人間の罪性、そして神による赦しの恩恵を強調していることは事実である。しかしこれらの諸要素は、最終的にはどのようなキリスト教神学においても決して欠くことのできないものなのである。ニーバーは、それらをただ忘却から、あるいはそれらを疎んじることから救い出し、今日の世俗化によって生じた楽観主義に対峙させたのである。

ニーバーの神学は、神学というよりも、人間学である。とりわけ彼の思想は今日の人間、歴史、国家、文化の理解を問題としてきた。彼は、科学、技術、そして政治がいっしょになって人間を天国に導くことができるなどと考える浅薄な文化に対する信仰と闘ってきたのである。ニーバーはそのような見方に対して、人間の意志や行為のなかに存在する原則的に変わることのない両義性や悲惨さを教え、さらにそこにおいてこそ明らかになる神の恩恵と、キリストによるこの世の救済のための神の自己犠牲、すなわち神の献身的意志と自己否定を主張することに倦み疲れてしまうことはなかった。彼のすばらしい著作のひとつは『悲劇を超えて』というタイトルをもつ。

ニーバーは従来のキリスト教的、神学的思想家たちと闘ったのではなく、つねに世俗的な哲学的思想家たちと闘っていた。彼は『人間の本性と運命』と題された二冊本を書くにあたって、観念論のみならず実在論（とくに自然主義）も間違っていると主張することから開始した。なぜなら観念論は、人間をあまりに高く評価しすぎているからであり、実在論は、人間と人間の高貴な使命にふさわしく対応していないからだという。それに対してキリスト教の人間理解は、この両極端な立場に欠けているものを埋め合わせるというのである。つまりそれは、神の像として創造されたアダムについての聖書的信仰に基づいて人間の使命を認識しているかぎりで「観念論的」である。またそれは創造された存在者としての人間の罪へと傾いてしまう本性を見過ごさないかぎりで「実在論的」でもある。

パウル・ティリヒは、ニーバー以上に神学者であり、まさに神についての学者である。彼もまた人間を信仰から解釈しようとする。しかし彼にとっての重要な論点は、神を思索することである。彼の『組織神学』第一巻（一九五一年）はこの問題を明らかにしたものである。この書物のなかで彼は存在－それ－自体としての、あらゆる存在者の絶対的根拠としての神の純粋な本質について考察し、それを把握するために彼の全エネルギーを注ぎ込んでいる。彼の神学は、同時に存在論である。彼の神学は、存在－神学である。

彼は、明瞭な仕方で神という無限な存在と人間という有限な存在を区別する。人間の有限な存在のなかには、存在と非存在、生と死、意味と無意味が両義的な仕方で混在している。神は、空間・時間・世界に属していないから「存在して」いない。それゆえに神の存在証明はありえない。なぜなら神はあらゆる証明とあらゆる証明可能なものの根拠であり、それ自体が無根拠なものであり、根拠づけられないものだからである。神の存在は、絶対的である。有限な存在は、相対的である。ただこの相対的存在のみが、理論的・科学的、合理的・範疇的に経験され、研究されうるのである。それゆえに神はただ〔神の〕自己啓示によってのみ認識されうる。しかしこの自己啓示は、一貫して象徴的である。神について言い表わされるもので唯一象徴的でないものとは、〔神は〕絶対的存在それ自体であるという命題だけである。
　したがってティリヒは、まさに神についての学者なのである。しかし彼は汎神論者ではないし、少なくとも無神論者ではない。神は、霊である。これはもっとも深い、比喩的な表現である。アメリカ〔の思想界〕はいまや〔次に刊行されるはずの〕彼の『組織神学』第二巻への期待と不安という張りつめた緊張感のなかにある。

リヒャルト・クローナー（哲学博士・教授、ニューヨーク市）

補遺3　リヒャルト・クローナーを記念して[90]

ハンス＝ゲオルク・ガダマー

　一九二一年にリヒャルト・クローナーの偉大な著作『カントからヘーゲルまで』の第一巻が、また一九二四年に第二巻が続けて刊行されたとき、哲学的、歴史的探究の形式ではあるが、初めて当時哲学を支配していた新カント派の危機が、社会一般に完全な仕方で明らかにされた。確かに〔ヴィルヘルム・〕ヴィンデルバントと〔ハインリヒ・〕リッケルトによって指導されていた西南学派は、かなり前から、彼ら自身の主要問題、つまり自然科学ではなく「文化科学」にこそ重点をおいていた彼らの主要問題との取組みは、カントではなく、ヘーゲル主義の再生のなかでこそより深い確証を見出すことになるのではないかという意識をすでにもちはじめていたのである。ヴィンデルバントは、一九一〇年に、彼の弟子たちのグループがその後それに従うようになった新しい合言葉をすでに宣言していた。若き〔ユリウス・〕エビングハウスは、この合言葉を綱領的なものにした輝かしい『相対的・絶対的観念論』という博士論文を書いた。エミール・ラスクは、このグループのもっともすぐれた思弁的才能の持ち主であったが、彼は確かにそのグループのなかでフィヒテへと歩み寄り、フィヒテを超えようとしていた。しかし彼が第一次世界大戦で亡くなってからは、クローナーの著作が、この課題に対して間接的ではあるが、歴史学的前進を遂行したと言ってよいであろう。

時を同じくして、マールブルク学派の新カント主義でも新しい方向転換が準備されていたのである。すでに年配になっていた〔パウル・〕ナトルプは、ほとんど新プラトン主義的な様式で、根源的に具象的なものの体系的再構築を模索していた。〔エルンスト・〕カッシーラーの認識問題の歴史に関する著作〔『近代の哲学と科学における認識問題』〕でもその兆候がほのめかされていたが、その第三巻が刊行されるにいたって、そこではまさにヘーゲルが議論の中心に現われてきたのであった。ニコライ・ハルトマンは、マックス・シェーラーの現象学的「実在論」に魅了されており、彼は確かに観念論の偉大な体系構築からは距離を取ろうと模索していたのだが、それにもかかわらず彼はクローナーの著作からもっとも深い感銘を与えられたと言ってよい。

私が一九二三年に、フッサールのもとで、またハイデガーのもとで自らの研究を深めたいと願いフライブルクにやってきたとき、ニコライ・ハルトマンは私をただちにクローナーのところに送り込んだ。クローナーは、フライブルクで私と同じように——私講師として——教えていたのであった。そのときから変わることのない友情関係が続いている。私たちのこの関係は、とりわけ戦前からのリヒャルト・クローナーの古き友人である〔フィヨードル・〕シュテプーンとの交流によってさらに活気あるものとなった。リヒャルト・クローナー自身は、ほとんど不安症ではないかと思うほどに豊かな感受性をもっており、気弱で、感傷的で、もの静かであった。ほとんど完全に自分の殻のなかに閉じこもってしまうような彼のこの慎重さのゆえに、講義のときでも、哲学的対話においても、この配慮を必要とする内面性からでてくるものが、その場に独特の緊迫感、重荷、ぎこちなさを生み出すことになってしまうのであった。しかし彼の子供のような光り輝く目が大きく開かれるようなときに、そしてその目が、やさしい微笑みが心配し震えてカーテンのひだに隠れているような思いを覆い隠してしまうときには、控えめであるが、そこからほとばしり出るような善良さが、彼の存在全体から流れだし、友人たちの心をおおらかなものにするのであった。ところで、当時すでに彼の名前は広く知られていた。というのも彼は『ロゴス』誌の創刊者であり編集者であったのだから。この雑誌は、当時のドイツ哲学界で指導的な役割を果たしていたのであり、この仕事を通して、彼がいかに多彩な人物であり、この時代の教養文化を極めていたのかということを証明することになった。しかし〔実際には〕その後になってようやく、彼がドレスデン工科大学で、しかも似たような立場の友人たちのなかで初めての教授職の地位を得たときに、彼の輝かしい弁証と表現の能力は、はじめて完全に発揮されるようになったのである。そして私自身は、第三帝国の突然の出現の次の年、すなわち一九三四年にリヒャルト・クローナーの教授職を代行するためにキールに出かけたとき、――わずかな期間でしかなかったが――、このような彼の教授としての影響力がどれほど強力なものであるかを肌身を通して感じることができたのであった。これが〔アメリカへの〕移住前の彼との最後の時間となってしまった。しかしそのとき、私たちは、私たちの間に存在していた、古くからの、澄み渡った友情に包まれていた。

　戦後最初の年であったが、私たちはハイデルベルクで再会した。そのときクローナーをハイデルベルクに招いたのには、ヘーゲル哲学研究のための国際学会を〔再び〕設立するという特別の理由があった。それは、リヒャルト・クローナーが二〇年代に〔アレクサンダー・〕コイレ、〔グィード・〕カロジョロ、〔ドミトロ・〕ツキゼウスキー、またその他の国際的なヘーゲル研究者と協力して設立していたあのヘーゲル協会を再建するためであった。この協会は一九三三年の試練に耐え、その組織を守り通すことはできなかったのである。しかしクローナーは、いまや新しい組織の名誉会長となり、代表としての挨拶を述べた。そしてそのなかで彼がこの再建に満足していることを私たちに伝えてくれたのであった。

　今日ではこのような事情について書かれたものを読むことは難しいことではない。しかし私たちは、いかなる償いによっても埋め合わすことはできないような不正によって、私たちのユダヤ人の友人や同僚たちの人生を狂わせたことを知っているし、哲学者の場合であっても、新しく彼らを受け入れてくれた国での成功が、必ずしもその後の滞りのない前進を意味してはいなかったということも知っている。そのような時代の動向のなかでリヒャルト・クローナーはどのようであったのか。彼の個人的な生活は、ドイツ観念論の教養や文化の修得とその育成に情熱を注ぐということと深く結びついていた。私の知るかぎり、彼は青年時代にプロテスタントのキリスト教に回心した。それゆえに彼の思索の過程で彼自身が努力し続けたことは、この人生の決断への自己弁明という問題であった。彼の『カントからヘーゲルまで』という二巻本でなされたヘーゲルがとった道の選択は、最終的に道徳的・宗教的動機に基づいている。そのことは彼の著作全体を通して見出されることである。もちろん彼のヘーゲル継承は無条件になされたわけではない。彼は〔ゲオルク・アンデレアス・〕ガーブラーや〔ヨハン・エドゥワルト・〕エルトマンのような第一次世代のヘーゲルの弟子たちのような意味でのヘーゲル主義者ではなかったし、また二〇世紀のヘーゲル独特の堅固な言語的要因に埋没してしまったようなヴィルヘルム・プルプスやオット・クロースのような、根っからのヘーゲルにとりつかれた人々のようでもなかった。クローナーはむしろ、彼がヘーゲルに見ていた綜合的な仕事、つまり私たちの伝統のなかのギリシア的なものの遺産とプロテスタント的な観念論的遺産の統合という仕事を、新カント派を批判的に受け止めたうえで、さらに一九世紀の「歴史学派」の継承者として、もう一度試みようとしていたのである。

それにもかかわらず彼は彼のあの大著『カントからヘーゲルまで』では完全にヘーゲル主義者であった。なぜならフィヒテ、シェリング、そして最終的にはヘーゲルへとわたり歩きながら彼が哲学思想のなかを漂っていったときに出会った諸問題や解決困難な問題の彼自身による固有の方法での展開は、確かに彼独自の方法で考え尽くされ、また新たな形成へともたらされているのであるが、ヘーゲルのパースペクティヴを越えていくことはなかったのである。ヘーゲルによって導入された「主観的観念論、客観的観念論、絶対的観念論」という図式（それぞれフィヒテ、シェリング、またヘーゲルの固有の立場を現わしているはずであるが、実際には内実に正しく対応していない）がクローナーの叙述の全体を規定していた。しかし彼はシェリングの自由論に関する著作、後期のきわめて不十分な神智学的演繹のなかに、ヘーゲルの綜合を制限するような真理の契機がひそんでいるかもしれないなどとは一度も考えてみなかった。最初にパウル・ティリヒとエーリッヒ・フランクによって定式化され、ヴァルター・シュルツの書物以来、観念論の完成の問題として提起されたこの時代のシェリング研究は彼の想定の枠外にあった。またキェルケゴールは、彼の視界にはまったく入っていなかった。

もちろん、当時の彼は、彼の固有の思想の体系的叙述や思考方法をもってはいなかった。一九二八年の『精神の自己実現』という綱領的な著作も、結局、完成をみないままであった。それにタイトル自体がすでにそのことを示しているように、この著作は絶対的観念論の命題をただ繰り返すことに終始した。そしてその後、時代が彼の運命を狂わせたのであった。

リヒャルト・クローナーが亡命を余儀なくされたこと、しかしかの地で徐々にその地歩を確立したことが、彼自身の思索のためにどのような結果をもたらしたのかということについて知りたいのなら、さらに独自の調査が必要となるであろう。確かに彼はプロテスタント的な伝統に立っているのであるが、彼のようなまったくドイツの形而上学伝統のなかで育てられた人間にとって、アメリカ社会の非形而上学的な情動に耐え抜き、自己の立場を貫くことは簡単なことではなかったに違いない。しかし他方で彼にとっては、アメリカのキリスト教、とりわけプロテスタンティズムの社会への影響力が、ドイツの文化プロテスタンティズム（その深刻な弱点が第三帝国の時代の教会闘争のなかで無残なまでに明らかになったのであるが）がもっていたものよりもかなり強力であったという事実を知ったことは意味のないことではなかった。数年間の沈黙と彼自身による新しい方向の確認ののち、リヒャルト・クローナーは、新大陸という別の世界で、いかにも彼らしい声を再びあげることになったのである。

英語で書かれた大量の著作の刊行が一九四一年から開始された。しかし故郷を追われるという運命を背負った受難者にとっては、これらの著作の主題、すなわちヘーゲルの信仰と知、宗教と哲学の綜合という道はもはや自明なこととは思えなかった。「破滅されたものとの和解」は、もはや概念の綜合力だけに期待しえるようなものではなかった。そのためにクローナーは絶対知の要求ではなく、構想力の宗教的機能の代弁者となった。彼のギフォード・レクチャーの主題であり、〔のちに刊行された〕『信仰の優位』という書物の内容は、〔彼自身が従来の〕強調点を決定的に転換した〔ことを証明している〕。クローナーが八〇歳を超えてからドイツの読者のために刊行したドイツ語の小さな書物『自由と恩寵』〔邦訳：『自由と恩寵——実存的思索から信仰へ』、福井一光訳、教文館、一九九一年〕（これは彼が合衆国で、英語で公けにした宗教哲学の仕事の翻訳なのだが）では、人間の自由の限界を強く指摘することで、運命の力と信仰の恩寵を強調したのであった。今日この書物を読む者は、そのなかで明瞭な仕方で主張されている、世俗化した近代主義と工業化した時代のいたるところで生じている伝統の解体への批判を見出すことであろう。しかし同時に、リヒャルト・クローナーが「自由の観念論」、すなわち彼がしばしばシラーやゲーテの言葉を引き合いに出すことによって、あの最初の宗教的自由主義の近くに立っていることを強く感じるに違いない。

彼が一九六二年になってドイツを訪ねてくれたとき、ドイツ本国ではとっくの昔に冷たい風によって追い払われてしまった、優雅なドイツ的な市民的教養の雰囲気が彼の周囲には漂っていた。これほどまでに苛酷な運命のなかを生き抜いてきたこの人が、なんという悲劇的なパラドクスであろうか、私たちのうえを猛り狂ったかのように過ぎて行った嵐にまったく襲われることがなかった人のように私たちには見えたのである。彼には見上げるべき平静沈着さがあった。彼はその平静さを高齢になるまで失うことはなかった。一九七四年のことであった。クローナーは九〇歳の誕生日を迎えるとまもなく、療養先のスイスでその生涯を終えた。九〇歳の誕生日には、ドイツ大使から連邦共和国大十字勲章が、私たちのせめてもの感謝のしるしとして授与されたのである。

（1）ティリヒの遺稿は Paul Tillich-Nachlass: Andover Harverd Theological Library（以下 Harverd と略す）、そしてリヒャルト、アリス、ゲルダ・クローナーの遺稿は Seligsohn Kroner Family Collection, 1850-1990: Leo Baeck Institute, New York（以下 LBI と略す）にある。——編集者たちは両研究機関から受けたさまざまな支援に感謝している。

（2）一九四六年九月一八日にリヒャルト・クローナーがフィヨードル・シュテプーンへ宛てた手紙を参照のこと。「私は、所持していたものすべてを失いました。お金、家具、本、手紙、原稿です。私が一番残念に思っているのは手紙です。たとえばあなたの手紙、あるいはベルクソン、ジンメル、フッサール、ミュンスターベルク、リッケルト、マックス・ヴェーバー、ヴェルフリン、ヴィンデルヴァントなど〔からのもの〕です」（in: Huber Treiber, „Fedor Steppuhn in Heidelberg (1903-1955). Über Freundschafts- und Spätbürgertreffen in einer deutschen Kleinstadt.“ In: ders./Sauerland (hg.), *Heidelberg im Schnittpunkt*, 70-118; hier 85）。一九四六年九月四日、リヒャルト・クローナーがヘルマン・フォン・ブラウンベーレンスへ宛てた手紙〔には次のように書かれている〕。「私たちの全財産（すべての本、手紙、写真、すべて、すべてです）が失われてしまいました」（in: Asmus, *Kroner*〔第一部註15〕, 152〔W・アスムス著『ナチ弾圧下の哲学者――リヒャルト・クローナーの軌跡』、島田四郎・福井一光訳、玉川大学出版部、二一一頁。以下本書からの引用には翻訳書の頁を原著の頁に続けて提示する〕）。

（3）編集者たちは、ミュンスター〔大学神学部〕のエルトマン・シュトゥルムが、このクローナーの書簡について批判的に検討してくれたことに感謝している。

（4）第一部の註29を参照のこと。

（5）手書き（LBI）。

（6）この葉書についてはもはや検証できない。

（7）アリス・クローナーの母ルイーゼ・カウフマン（旧姓ヘルフト）は、一九四二年六月一六日にベルリンで亡くなった。Asmus, *Kroner*, 133.〔一八一頁〕

（8）「マギファート」の身元は、明らかにできなかった。〔訳者の調査によればこれはティリヒの友人でA・C・マギファート二世のことである〕

（9）手書き（Harvard）。

（10）この手紙についてはもはや検証できない。

（11）タイプライターで書かれている（LBI）。
（12）抹消線の引かれた言葉、判読できない。
（13）手書き（LBI）。
（14）イル・ド・フランスとは、一九二七年から一九五九年まで航行していたフランス・ラインの旅客船であった。
（15）タイプライターで書かれている（LBI）。
（16）ティリヒの近況報告（回覧書簡）に対する批判的な反応については Alf Christophersen, „Paul Tillich im Dialog mi dem Klutur- und Religionsphilosophen Fedor Stepun“,（第一部註32）, 120を参照のこと。
（17）一九五四年一一月二六日、リヒャルト・クローナーは、シュレスヴィッヒ・ホルシュタイン州の内務大臣の詳細な「再補償と確認の回答」によって、彼がこのような要求をする正当な権利があることを伝えられていた。
（18）手書き（Harvard）。
（19）一語判読不能。（この一文は英語で書かれている。）
（20）パウル・ケンプナー（一八八九年一二月三〇日ベルリンに生まれる―一九五六年四月一二日ニューヨークで死去）のことが考えられる。事業家マキシミリアン・ケンプナーの息子で、リヒャルト・クローナーと非常に近しい友人であった。一九一八年一一月一五日に、ケンプナーは、銀行家のフランツ・フォン・メンデルスゾーン（一八六五年―一九三五年）の娘マルガレーテ（マルガ）・エリザベート・マリー（一八九四年六月九日ベルリン生まれ―一九六一年ニュージャージーで死去）と結婚した。法学者のパウル・ケンプナーは、一九二二年メンデルスゾーン銀行の株主となった。それを資金に彼は一九一九年以来活動していた。一九三八年にこの夫婦はロンドンに亡命してからアメリカ合衆国に渡った。ケンプナーについては以下の文献を参照のこと。Hans-Günter Klein, *Die Familie Mendelssohn. Stammbaum von Moses Mendelssohn bis zu siebenten Generation*, 2. Korr. und erw. Aufl. Berlin:

Staatsbibliothek zu Berlin Preußischer Kulturbesitz, 2007, 47; Ingo Köhler, *Die „Arisierung" der Privatbanken im Dritten Reich, Verdrängung, Ausschlatung und die Frage der Wiedermachung* (Schriftreihe zur Zeitschrift für Unternehmungsgeschichte, 14), München: C. H. Beck, 2008, 245, 190; Lothar Gall, *Der Bankier Hermann Joseph Abs. Eine Biographie*, München: C. H. Beck, 2006, bes. 51, 59, 62-65 und 170.

（21）手書き（Harvard）。

（22）パウル・ケンプナーは、一九五四年三月八日のリヒャルト・クローナーの七〇歳の誕生日のさいに、手書きで書きとどめた言葉を挨拶の言葉として述べた。その言葉をケンプナーは、パウル・ティリヒ夫妻に届けた。「パウルスとハンナへ／生きるか死ぬか、それが問題である。〔英語〕／私はまだ当分の間『生きる』ことになります。／ユニオン神学校で、イーストハンプトンで、ハーヴァードで／そして旧きドイツで。／私たちは常に愛し合うでしょう。／パウル／一九五四年三月二七日。」アリス・クローナーの死後、ハンナ・ティリヒはイーストハンプトンからゲルダ・ゼリッヒゾーンに次のような手紙を送っていた（日付はない、LBI）。「愛するゲルダ、私は、あなたがこのパウル・ケンプナーの言葉を喜んで受け取っているだろうと思っていました。――私はアリスの死後、ボストンのリヒャルトのところにもそのことを伝える手紙を書き送りました。――どうぞよろしく。ハンナ・ティリヒ。」この手紙の返事にあたるクローナーからハンナ・ティリヒへの手紙はもはや検証できない。ケンプナーは、九頁にわたる言葉でティリヒにも語った。それはさしあたりティリヒの『存在への勇気』〔谷口美智雄訳『存在への勇気』（新教新書一五〇）、新教出版社、改定新版、一九六九年〕を参照しながら書かれたものである。「生きる勇気はもちろん簡単です。しかし死ぬ勇気、あるいはむしろ積極的に存在しなくなる勇気こそパウル・ティリヒによって考え出されていますが、それこそがいま考えるべき事柄なのです。」〔英文〕いくつかの中間的な註で、ケンプナーは、ある出来事を書き記している。そのことにアリス・クローナーが、彼女の手紙で言及している。「ご想像ください。別の日に私は、ドイツのご婦人から手紙を受け取りました。とても目立つ女性で、私は、その手紙をいますぐにポケットに入れておいて、今夜それを取りだせるならば、それをあなたに読んで聞かせてあげたいと考えました。［……］昨年ドイツでその女性は、パウル・ティリヒと出会いました。もちろん彼女はすぐに彼にとって注目に値する女性となったのです。あなたはすでにおわかりのように、ある女性がパウル・ティリヒに出会うということと注目に値するということは同じことなのです。もともと彼女は素敵で、魅力のある女性だったのです。それがすべてです。そして彼女はパウルスと出会ったのです。彼女はたしかに彼にとって注目に値する女性になったのです。それが話の内容です。」〔英語〕パウル・ティリヒが、パウル・ケンプナーの埋葬のさいに語った祈りは、ハーヴァードの遺稿のなかに収められている。

（23）手書き（Harvard）。

（24）*Calolinens Leben in ihren Briefen*, auf Grund der von Erich Schmidt besorgten Gesamtausgabe in Auswahl, Frankfurt am Main, Insel, 1924, 18.

（25）ルードヴィヒ・クルティウスの妻のことであろう。エディット・クルティウス（旧姓ヴィネッケン、一八八五—一九三二年）。

（26）このノートについてはもはや検証できない。

（27）「小さなゲルテンベルク」については不詳。

（28）手書き（Harvard）。

（29）ティリヒの『組織神学（*Systematic Theology*）』第一巻は、彼が一九二〇年代以来繰り返し書こうと努力し、何度も書き直し、ようやく一九五一年に刊行された。第二巻と第三巻は、それぞれ一九五七年と一九六三年に刊行された。〔邦訳は以下の通り。パウル・ティリヒ著『組織神学』第一巻、谷口美智雄訳、新教出版社、一九九〇年。第二巻、谷口美智雄訳、新教出版社、一九六九年。第三巻、土居真俊訳、新教出版社、一九八四年〕

（30）ここでクローナーが言及しているのは以下の三部作のうちの最初の二冊のことである。*Speculation*

and Revelation in the History of Philosophy: Speculation in Pre- Christian Philosophy, Philadelphia: Westminster Press, 1956; *Speculation and Revelation in the Age of Christian Philosophy*, ibid., 1959; 第三巻としてこの後以下の書物が刊行された。*Speculation and Revelation in Modern Philosophy*, ibid., 1961. この書物については多くの批評が出た。ここで言及されているのは、おそらくJohn A. Hutchison, Rez. von Bd. 1 und 2. In: Religion in Life, Summer Issue 1960, 466; Langdon B. Gilkey, Rez.von Bd. 2. In: The Christian Scholar, von. XLIV (Summer 1961), 169-172 のことであろう。

(31) タイプライターで書かれている。カーボン紙による複写が保存されている（Harvard）。

(32) 手書き（Harvard）。

(33) 第二部註37を参照のこと。

(34) 手書き（Harvard）。

(35) タイプライターで書かれている。カーボン紙による複写が保存されている（Harvard）。

(36) ティリヒは、ここでおそらく一九五八年四月六日にアリス・クローナーが書いた、ハンナ・ティリヒへの招待状に言及しているのだと思う。第一一番目の手紙を参照のこと。

(37) ハンナ・ティリヒよりゲルダ・ゼリッヒゾーンへの一九五八年四月二九日付けの手紙（消印による）を参照のこと。〔以下英語〕「ゲルダへ、パウルスがヨーロッパに行く予定です。私はその『偉大な日』（五月一一日）には旅の途上でしょう。ですから私たち二人は参加することはできません。——しかし私たち二人は、心から祝福を祈っているのです。ですから私たちは小さなテレビを喜んで送るつもりです。私にはこれはアリスにとって良きものだと思えるのです。というのも彼女は、おそらくほとんどの時間『家に』いるのですから。多くの良き祝福を。ハンナ〔・ティリヒ〕」

(38) 手書き（LBI）。

(39) 手書き（Harvard）。

(40) ここで取り上げられているのは以下の文献である。*Kerygma und Mythos I (1948): Diskussionen und*

Stimmen zum Problem der Entmythologisierung; Beih. (1954): *Der gegenwärtig Stand der Entmythologisierungsdebatte*; III: *Das Gespräch mit der Philosophie*; IV (1955): *Die ökumenische Diskussion*; V (1955): *Die Theologie Bultmanns und die Entmythologisierung in der Kritik der katholischen Theologie.*

（41）Karl Barth, "Abdruck aus Dogmatik III", 2, Seite 531-537. In: *Kerygma und Mythos* II, 102-109; Rudolf Bultmann, „Zum Problem der Entmythologisierung" In: *ebd.*, 179-195. この頁数は一九五六年の第二版に従っている。

（42）このことについては第二部註30を参照のこと。

（43）タイプライターで書かれている（LBI）、ハーヴァードにはカーボン紙によって複写された手紙が残されている。

（44）Paul Tillich, *Theology of Culture*, ed. By Robert C. Kimball, New York: Oxford University Press, 1959 のこと。〔茂洋訳『文化の神学』（新教新書一四六）、新教出版社、一九六九年、谷口美智雄訳『文化の神学』（ティリッヒ著作集七）、白水社、一九七八年〕

（45）Richard Kroner, *Selbstbestimmung. Drei Lehrstunden*, Tübingen: J. C. B. Mohr (Paul Siebeck), 1958 のこと。

（46）手書き（Harvard）。

（47）ルネ・ティリヒと彼の最初の妻マリー（旧姓ワイルド）。マリーの父ジョン・ダニエル・ワイルド（一九〇二年四月一〇日―一九七二年一〇月二三日）は哲学者。彼は一九二七年から一九六一年までハーヴァードで教えており、それからノースウェスタン大学、エヴァンストン、またシカゴに移った。引退後も一九六三年になって彼はイェールに招聘され、また一九六九年にはフロリダ大学に移った。

（48）第二部註45を参照のこと。

（49）書簡16を参照のこと。パウル・ティリヒよりリヒャルト・クローナーへの手紙、一九五九年四月二一日付。

（50）実際にはハインツ＝ホルスト・シュライの批評が書かれただけである。*Deutsches Pfarrerblatt*, 59

(1959), 286

（51）第二部註30を参照のこと。

（52）第二部註44を参照のこと。

（53）Fedeor Stepun, *Der Bolschewismus und die christliche Existenz*, München: Kösel-Verlag, 1959（増補改定された第二版は一九六二年に刊行された。それはこの書物の五〇〇〇部から八〇〇〇部の増刷分にあたる）。この問題については Alf Christophersen, „Paul Tillich im Dialog mit dem Kultur- und Religionsphilosophen Fedeor Stepun"（第一部註32）, 122f. を参照のこと。

（54）特に Stepun, Bolschewismus, 109-138: „Geist, Gesicht und Stil der russichen Kultur"; 139-180: „Moskau, das Dritte Rom, und die Dritte Internationale. Zum Problem des russchichen Cäsaropapismus" を参照のこと。また *Dämonen*, 223-252: „Dostojewskijs prophetische Analyse der bolschewistischen Revolution" も参照のこと。

（55）フィヨードル・シュテプーンのリヒャルト・クローナー宛ての一九五九年八月九日付の手紙（LBI）を参照のこと。「私は最近書くときにはいつにもまして簡潔で的確な表現をするように努力しています。もしそうしていなければ、私は私の本を軽く倍の大きさにしてしまったに違いありません。それが功を奏したのだと思います。この本はとてもよく売れ出したのです。わずか三か月前に新しく増刷されたのですが、すでに一七〇〇〇冊売れました」。しかしながら版について言えば一九六二年に改定第二版がでているにすぎない（第二部註53を参照のこと）。それは五〇〇〇部から八〇〇〇部までの増刷分に相当する。

（56）Martin Foss, *Abstraktion und Wirklichkeit*, Bern: Francke, 1959.

（57）カーボン紙による複写が保存されている（Harvard）。

（58）第二部註29を参照。

（59）パウル・ティリヒとハンナ・ティリヒは、一九六〇年五月一日から六月三〇日まで日本に滞在した。

それについては、M. Boss, „Tillich in Dialogue with Japanese Buddhism: A Pragmatic Illustration of His Approach to Inter- Religious Conversation." in: Russell Re Manning (hg.), *The Cambridge Companion to Paul Tillich*, Cambridge: Cambridge University Press, 2009, 254-272. 参照。さらに最近の詳細な研究と検証結果については Tomoaki Fukai (ed.), Paul Tillich — Journey to Japan in 1960, De Gruyter, Berlin/Boston, 2013を参照のこと。

（60）手書き（Harvard）。

（61）第二部註56を参照のこと。

（62）タイプライターで書かれている（LBI）。この書簡については、ティリヒ自身による手書き部分の付加なしに以下の書物に引用されている。Paul Tillich, *Lebensbild in Dokumenten*（第一部註37）, 348f.

（63）手書き（Harvard）。

（64）手書き（LBI）。

（65）手書き（Harvard）。

（66）手書き（Harvard）。

（67）タイプライターで書かれている（LBI）。ハーヴァードにカーボン紙による複写が保存されている。

（68）この討論は一九六一年四月八日に行なわれた。このときのテーマは「ここ数世紀の科学は人類の自己理解をどのように変えたか」というものであった。それはマサチューセッツ工科大学一〇〇周年記念の総合的なプログラムのひとつとして開催された。ケンブリッジのマサチューセッツ工科大学で一九六一年四月七日から九日まで行なわれた記念行事。

（69）手書き（Harvard）。この手紙はPaul Tillich, *Lebensbild in Dokumenten*（第一部注37）, 341. にすでに収録されている。

（70）手書き（Harvard）。

（71）この手紙で取り扱われている内容について、ティリヒの遺稿などを用いた検証はまだなされていない。

(72) この言葉については第二部註76を参照のこと。

(73) 手書き（LBI）。

(74) 手書き（Harvard）。

(75) 一九六二年二月から三月までクローナーは、オースティンのテキサス大学で哲学部の客員教授となった。このことについては、Asmus, *Kroner*（第一部註15）、173〔二四八頁〕を参照のこと。また、それに加えて書簡31（リヒャルト・クローナーよりパウル・ティリヒへ、一九六二年四月七日付）を参照のこと。

(76)「カルペレス」という言葉が何を意味しているのか、ティリヒとクローナーの遺稿の他の資料の助けを借りても明らかにならない。この言葉の出所はおそらくパウル・ケンプナーにさかのぼると思われる。クローナーの遺稿には、一九四九年一二月三〇日付の〔アリス・クローナーから〕ハンナに宛てた書簡のコピーが残されているが、そこにはハンナ・ティリヒだけが理解できた言葉〔「カルペレス」〕が書き記されている。アリス・クローナーは、そのなかでパウル・ケンプナーの六〇歳の誕生日にふれて、彼の人生と数十年間の彼との友情について書き記している。またアリス・クローナーは、その書簡のなかでティリヒについても触れて次のように述べている。「ケンプナーはたんなる『芸術支援者、芸術蒐集家、芸術愛好家』ではありません。〔……〕彼はそれ以上であるのです。彼は人間愛好家、人間蒐集家なのです。支援者でありうるほどに情熱的で忠実な人間なのです。彼は、人間を蒐集していて、人間を愛しています。そのことに彼は、決して倦むことがありません。彼はまたすでに蒐集したものと同じ分量だけ、常に新しいまた高価なものを入手するのです。彼は、あなたにまだ彼の『最新の獲得品』、つまり偉大な神学者であるパウルスを見せていませんか。事実、彼はパウルスのことをとりわけ誇りに思っていて、パウルスに彼の蒐集のなかの一番良い位置を与えていたのです。『なぜなら』彼は『この獲得品を、髭を剃ったり、食事をしているときに傍でじっくり観察したことがないからです』。もちろんもし私がこのパウルスの前に進み出るならば、私は黒の〔礼服の〕スカートを選び出し、それを着用することでしょう。私が彼に抱いている讃嘆と尊敬の念のなかで、私は自分自身を高めるでありましょう」。アリス・クローナーはそのあとで次のように書いている。ケンプナーは「カルペレスを発見した」のだと。「永遠の喜びをもって、私はパウル〔・ケンプナー〕によるこのカルペレスを感謝します。カルペレスは、しかし、――カルペレスについては、パウル〔・ケンプナー〕があなたに直接語らなければなりません。ただ彼だけがそれについて語ることができるのです」。またアリス・クローナーよりパウル・ティリヒ宛の一九六一年七月四日の書簡（書簡27）を参照のこと。

（77）マルガ〔リータ〕・ケンプナーは、一九六一年に亡くなっている。第二部註20を参照のこと。

（78）タイプライターによって書かれている（LBI）、カーボン紙による複写が保存されている（Harvard）。

（79）手書き（Harvard）。

（80）クローナーは、ここでティリヒが「ドイツ出版協会平和賞」を受賞したことに言及している。

（81）ベルナード・フィリップは、一九六二年に創設されたテンプル大学の宗教学部で教えていた。

（82）フェネル女史の身元については不詳。

（83）手書き（LBI）、カーボン紙による複写が保存されている（Harvard）。

（84）タイプライターで書かれている（Harvard）。手書きによる追伸のない書簡は Paul Tillich, *Lebensbild in Dokumenten*（第一部註37）, 360-362. に収録されている。

（85）Alexander Jeffery MacKelway, *The Systematic Theology of Paul Tillich. A Review and Analysis* [Introd. Report by Karl Barth], Richmond, Va.: Knox, 1964 (zugl. Diss, Unive. Basel 1963).

（86）*Paul Tillich in Catholic Thought. With an Afterword by Paul Tillich*, ed. By Thomas F. O'Meara and Celestin D. Weisser, Dubuque, Iowa: Priory Press, 1964.

（87）Paul Tillich, *Ultimate Concern. Tillich in Dialogue*, ed. by D. Mackenzie Brown, New York: Harper & Row,

1965.〔茂洋訳『究極的なものを求めて——現代青年との対話』（新教新書一四〇）、新教出版社、一九六八年〕

（88）これは Paul Tillich, „Dr. Richard Kroner.“ In: *Alumni Bulletin of the Union Theological Seminary*, New York Ciry vol. 17, 1941, no. 1, 3f. の翻訳である。

（89）この文章は *Deutsche Universitätzeitung* 8 (1953), Nr.23, 7. Dezember 1953, 13. に掲載された。

（90）タイプライターで書かれている（LBI）、第一部註29を参照のこと。

第三部　訳者解題——二人の亡命知識人の精神史的考察

深井智朗

1

アメリカの『ライフ』誌、ファッション雑誌『ヴォーグ』の写真家として有名なフィリペ・ハルスマンの『ジャンプ・ブック』（一九五九年）は大変ユニークな写真集である。そこにはリチャード・ニクソン、サルバドール・ダリ、オードリー・ヘップバーンなど各界の著名人がジャンプした瞬間の写真が収められている。表紙はなぜかハルスマン自身と女優のマリリン・モンローがいっしょにジャンプしている。

ハルスマンはなぜそんな写真を撮るのかという問いに対して「ジャンプする瞬間、人はジャンプに集中するので、その人を覆っている仮面が剝がれ落ちる」からと答えている。またハルスマンの若い頃のスキャンダルについて書いたマルティン・ポラックによれば、それは彼がドレスデン工科大学の学生であったころに哲学史の授業で、彼の哲学の教師が行なった「ダンスと宗教」という当時としては挑戦的な講演から、またその教師がしばしば行った仮面舞踏会に参加することで得た発想であったという。

ところでこの写真集には、これらの著名人たちとともにひとりの神学者がジャンプする写真が含まれている。それはフランクフルト大学の社会教育学と哲学の教授であったが、ナチスによって停職処分を受け、解雇され、ニューヨークに亡命したパウル・ティリヒである。しかしなぜティリヒなのか。

ハルスマンは一九〇六年五月二日にラトヴィアのリガで、ユダヤ人の歯科医の父とラテン語学校の教師をしていた母から生まれた。彼は大学入学資格を得て、一九二四年にドイツのドレスデン工科大学に入学し、電子技術の研究室に所属することになった。

ドレスデン工科大学はドイツではHochschuleと呼ばれUniversitätと呼ばれる総合大学ではなかったが、ザクセンの文部大臣であったローベルト・ウルリヒは近い将来の総合大学化を前提に、新たに文化科学部門を設置し、優れた、若い研究者を集めていた。ハルスマンが入学した同じ年に、フライブルクからひとりの哲学者がこの大学の文化科学部門に哲学と教育学の教授として赴任してきた。それがリヒャルト・クローナーであった。そしてそのクローナーの強い推薦で、翌年一九二五／二六年冬学期に同じ部門に宗教学と社会哲学の教授として赴任したのがパウル・ティリヒであった。ティリヒはドレスデンにやってくる前にはマールブルク大学神学部の定員外教授で、『諸学の体系』という衝撃的な著作や二つのシェリング研究でその学問的実力をよく知られていたにもかかわらず、安定した地位を得ることができないでいた。彼にとっては総合大学ではないにしても、大都市に住むことができ、正教授としての地位が保証されたこの仕事は歓迎すべきものであった。ティリヒにこの仕事を紹介したクローナーも、すでに『カントからヘーゲルまで』を刊行し、高い評価を得ながらも、就職先がなかなか決まらずに同じような経験をしていたこともあり、ティリヒの実力、とりわけシェリング論を高く評価していた彼は、未決定であった人文科学部の宗教学の講座の教授としてティリヒを推薦したのであった。

クローナーは実はティリヒがマールブルク神学部の定員外教授として赴任する前年、マールブルクの哲学部の定員外教授の椅子をマルティン・ハイデガーと争っていた。彼はそれが学問的な実力の問題であるよりは、政治的敗北であると感じていた。ハイデガー自身もそのようにふるまったし、クローナー自身も、この人事でハイデガーが優先された背景には、反ユダヤ主義があると感じていた。確かにハイデガーは、クローナーについては非学問的な批判を繰り返していた。たとえばハイデガーは一九二三年七月一四日に、カール・ヤスパースに宛てた手紙のなかで次のように書いている。「クローナーは、マールブルクでは、第三候補で推薦されていたのです――彼は一月に自らベルリンにまでわざわざ出向き、かの地ではいたるところで嘆きまわり、さらにはマールブルクですぐさま個人的に自分を売り出すことさえしたのです。とにかく、人間本質への嘆きは、まだ私の身に降りかかってはいません――いまや彼は老婆のように憐れまれているのです――彼に示し得る唯一の慰めは、彼からできるだけはやく、教授資格を取り上げてしまうことでしょう」。

クローナーは、このようなハイデガーの露骨なネガティヴ・キャンペーンを経験していたので、マールブルクで同じようにその存在論的神学の無邪気さを揶揄され、見下された仕方で扱われていたティリヒに対して同情的であった。それゆえにクローナーはローベルト・ウルリヒが文化科学部門のさらなる充実のために哲学教授を招きたいと考えていることを知ると、ただちにティリヒをドレスデンに推薦したのであった。

ウルリヒの構想は、将来、国民学校の教師となるはずの学生たちに、自分の専門分野だけではなく、より広い分野の知識を提供しようというもので、それ自体は近代大学教育のひとつの実験でもあった。ウルリヒ自身一九一八年と一九年にジンバッハで開催された国民教育に関する高等官吏による協議会が主催した「宗教と成人教育」に関する協議会ですでにティリヒと会ったことがあり、ティリヒの社会主義的な政治的傾向についても共感していた。それゆえにクローナーの推薦は問題なく受理され、一九二五年五月一日付けで契約が結ばれ、ウルリヒはドレスデン工科大学に責任をもつザクセン州文部大臣として、マールブルク大学および同じくティリヒの招聘を計画していたヘッセンのギーセン大学に対して、この契約を通告した。ウルリヒはこの頃、ロシアからの亡命貴族であり、詩人であり、哲学者であったフィヨードル・シュテプーン、ロマンシュ語のヴィクトール・クレンペラー、ゲルマン語のクリスティアン・ヤネンツキーなどの著名な学者と次々に契約を結び、ドレスデン工科大学は当時「ドレスデン哲学大学」と呼ばれるようになっていた。若き日のハルスマン自身もこの教育システムのなかで、クローナーやティリヒの講義に出席し、多くの刺激と影響を受けた。

ハルスマンは一九二八年にはこのドレスデン工科大学を卒業し、その後、父と滞在したオーストリアのチロルで起こった父の死をめぐる不幸な出来事を経験し、一九三一年以後パリに住むようになり、そこで写真家としてのキャリアを積み、ナチスの脅威のなか、ユダヤ人であった彼は一九四〇年にはアメリカに亡命した。

ハルスマンはアメリカに亡命後、ニューヨークでドレスデン時代の懐かしい教師たちに次々と再会した。もちろんクローナーとティリヒとの再会は彼にとっては精神的な意味での教師との再会を意味してもいた。ハルスマンは彼らの写真を機会あるごとに撮影した。ティリヒが一九六五年一〇月二二日に亡くなったとき、翌日の『ニューヨーク・タイムズ』紙の第一面に死亡記事が掲載されたが、その写真はハルスマンが撮影したものであった。そしてティリヒはあの『ジャンプ・ブック』でもハルスマンの依頼に応えて、彼の研究室でジャンプして、撮影に協力したのである。というのも、ハーヴァード大学の「ティリヒ文書」に残るハルスマンとティリヒの間で交わされた書簡によれば、ハルスマンは神学者ティリヒと哲学者クローナーがドレスデンでダンスの本質を分析し、さらにそれを実践していたことを記憶していて、それに強い影響を受けたことがこのような写真を撮るきっかけとなった、と書いている。それゆえにハルスマンは『ジャンプ・ブック』の中にはどうしてもこの神学者と哲学者の写真を入れたいと願ったのである。その結果、この写真集には他の写真とはいささか趣きを異にする神学者のジャンプの写真が収められることになった。

確かにドレスデンで同僚になったクローナーとティリヒはエリーゼン通り一一番地にあった前衛的なティリヒのアパートと、オーバーマイヤー通りにあったクローナーのビーダーマイヤー様式の邸宅で交互に、定期的に仮面舞踏会を開催していた。彼らはそこに参加するにふさわしいメンバーについて熱心に話し合い、さらには当日のダンスについて議論した。その討論は真剣なものでティリヒはのちにそれに基づいて「ダンスと宗教」という論文さえ書いている。彼らの議論に協力したのはシュタインヴェーク・ダンス学院のメアリー・ウィグマンで、彼女はのちに創設したメアリー・ウィグマン学院で多くのダンサーを育て、「ある舞踏劇の情景」の上演で成功し、ヨーロッパの前衛的舞台芸術の創始者と呼ばれるようになった。

ティリヒは彼女と、たとえばバッハの主題をもとに即興的な踊りを実践し、美しさや、伝統的な舞踊の様式よりも、「伝達手段としてのダンス」という面に注目し、ダンスのなかに表現主義的な要素を取り込もうとしていた。ティリヒがそのころ神学の分野で取り組もうとしていたことも同じであり、それは伝統的な大学神学部や教会という制度によって担われてきた宗教性を破壊する表現主義的な神学であったと言ってよいであろう。彼はその理論家であり、実践家でもあった。それゆえにティリヒは「ダンスとの出会いは、私のなかに、祭儀的なものと舞踊との今日では失われてしまった一致が、石だらけで根づきにくいプロテスタンティズムという地盤でどのようにもう一度生育しうるか、という未解決の問題を生み出したのである」と述べている。クローナーはティリヒの主張を理解することができたし、彼は個人的な理由からダンスや仮面舞踏会を愛し、楽しんだが、このようなティリヒの考察を支持することはなかった。

ティリヒはドレスデン工科大学時代に「宗教的存在理解」、「要求としての国家」などの講義を行なったが、他方で「宗教と芸術」、「ダンスと宗教」という講義を宗教学の講義のなかで行ない、多くの学生を教室に集めるようになっていた。それは彼らの自宅での仮面舞踏会が生み出した講義でもあり、ハルスマンはその講義の参加者のひとりであった。亡命先のニューヨークで再会した彼らは、その時代を思い起こし、ティリヒは彼の研究室でハルスマンのジャンプ論に応答したのであるが、クローナーはそれを断り、その代わりにクローナーの推薦でイエズス会のマルティン・ダーシーがジャンプした。これがあのユニークな写真集『ジャンプ・ブック』で女優や政治家たちといっしょに神学者ティリヒがジャンプしている理由であり、ファッション雑誌『ヴォーグ』にハルスマン撮影のティリヒの写真がティリヒの「新しい女性の生き方」というスタイリッシュな文章とともに掲載されることになった理由であった。

2

本書は最近の調査で発見された、リヒャルト・クローナーとパウル・ティリヒの往復書簡とその解説論文の翻訳である。すなわちドイツ観念論の研究者として、また日本でも早くから紹介され、翻訳もなされた大著『カントからヘーゲルまで』の著者として、あるいはマルティン・ハイデガーに排除されたユダヤ人哲学者として知られるクローナーと、その社会主義的な傾向やフランクフルト社会研究所との深い関係などからして「政治的に信頼のおけない者」としてフランクフルト大学の哲学教授の職を解雇されたティリヒの知られざる交流の記録としての書簡と、その背景となる精神史的な状況についての詳細な解説である。

そこにはこれまであまり知られていなかった二人の亡命知識人の日常生活が、また伝記や時代史研究によって知られているさまざまなエピソードの背景となる出来事が詳細に描かれている。とりわけ解説論文は、一九世紀末ドイツの精神史的状況から、ナチスの台頭、そして亡命知識人たちの具体的な活動を、ジグゾーパズルをつくりあげるように読み解き、ひとつひとつのピースを結びつけていく。

一九二五年、ヴァイマールの共和政の時代が、世界恐慌の前、嵐の前の静けさのなかで、一方で破壊と批判の傷跡を癒しつつ、他方で新しい時代精神を生み出そうとさらに過激な破壊と批判の言葉を生み出しつつあったころ、パウル・ティリヒははじめてドレスデンの工科大学(Hochschule)の正教授に就任した。ティリヒはドレスデンの教員たちと積極的に交流し、彼独特の知的センスによって自らの専門の境界線を越えて自由に議論し、しかも自らの思想体系に同僚から学んだことを次々に取り入れたのであった。彼は神学者であり、この知的クライスの哲学者であると自負していた。ところが不思議なことに、同僚たちはティリヒの学問を尊重はしたが、彼が神学者であるということ、それどころか正統的なキリスト教信仰の持ち主であるかどうかについてはみな疑問を感じていた。クローナーもそのひとりであり、彼はヘーゲルやシェリングの影響が強すぎて、ティリヒは異端的でさえあると考えていたようである。学部のなかではとりわけシュテプーンはそのことを公言してもいた。シュテプーンはいわゆる東方正教会の教えに対する素朴な信仰をもっていた。彼の神学的立場のみならず、聖職者についての考え方もティリヒとは異なっていた。シュテプーンはマリオン・パウクによれば「ティリヒが上流社会のさまざまな交流に積極的であること、また彼が強い成功欲をもっていることに対して批判的であり、それが彼の人生をだめにしてしまわないかと心配もしていた」。また彼は「まじめな信仰者で、絶対的な神を信じ、その信仰は妻ナターシャへの尊敬と誠実な態度にも表われ出ていた。そして絶対的な信仰をもつ男性は、ただひとりの女性を愛すべきだ」と言ってティリヒの自由な女性との関係を批判した。さらにはティリヒが「信仰」を「究極的関心」と言い換えたり、シェリングによってキリスト教を再解釈していることにも疑問を感じていた。クローナーはそれに対してティリヒの思想については批判的であったが、ティリヒの生き方について強く批判することはなかった。

しかしクローナーは一度だけ、ティリヒのあまりにも自由な思想と生活態度が、当時の教会と神学部の保守的な教授たちから批判され、もはや神学者としての職務から逸脱する段階にあるのではないかと批判されたときに、このような批判から彼を守る手段として、ドレスデンは工科の専門大学で、そこでの立場は神学教授ではないので、ライプツィヒ大学の嘱託教授の職を引き受け、自らが正統的な神学者であることをアピールしてはどうかとアドヴァイスをしたことがある。ティリヒはそのアドヴァイスを受け入れて一九二七年夏学期から一九二八／二九年冬学期までライプツィヒで文化哲学と宗教哲学の講座を担当した。もっともその講義についてはのちにクローナーが批判している通り、毎回ティリヒが出す講義や演習の伝統的なタイトルとは裏腹に、内容はドレスデンでの講義とそれほど変わらないものであった。

ティリヒにとってドレスデンでの教員生活は、彼が理想的だと感じた町の印象に反して退屈なものであった。彼はこの町の芸術的な魅力と開放性、そしてこの時代なお積極的に続けられていた社交生活には大きな憧れと誇り、そして喜びを感じていた。また彼はのちに彼の忠実な理解者となった女性の弟子たち、すなわち彼の『全集』を編集することになったレナーテ・アルブレヒト、のちにティリヒの遺稿を整理することになるゲッティンゲン大学資料室のゲルトラント・シュテーバー、そしてティリヒの英語の著作のドイツ語訳を担当したニーナ・バリングとこの町で出会った。それにもかかわらず彼は「ここは自分が立ち続ける場所ではない」と感じていた。ジャーナリストであったレオニー・ドッティング・メレリングはこの時代のティリヒの様子を次のように伝えている。「私はティリヒについては年輩の品のある、落ち着いた神学者の姿を思い描いていたのでした。ところが予想と実際とではまったく違っていたのでした。ティリヒは見た目も、その行動も神学者らしくはなかったのです。彼はハンサムで、すらっとした体型で、濃いブロンドで、ふさふさとした髪の毛をもち、満ち足りた瞳には眼鏡がかけられており、口元は喜びの感覚に満ちあふれていました。ある夏の日のことでしたが、彼は大変明るい色の洋服をきて、さらには赤いネクタイをしていました。彼はよく笑いましたが、笑うと歯並びのよい、白い歯が見えるのでした。彼は大変若々しく見えて、その魅力を発揮していたのですが、シュテプーンのような社交家ではありませんでした。私には彼はしばしば内気で、なにをするにも気遅れをしているように見えました。しかしひとたびダンスが始まると彼は水を得た魚のようでした。というのもクローナーの家のテラスでは、月光のさす明るい夏の夜にしばしばダンスパーティーがあり、多くの人がそこに集まったのでした。彼は電気にかけられたようで、舞踏会の流れやリズムに合わせて、いつも喜んで踊っていました。しかしそのさい彼は常に新しい考えや楽しいアイディアを思いつき、それを披露し、人々を驚かせたのでした。」これは神学者としてのティリヒと彼の思想と人生の間にある葛藤を、女性ジャーナリストならではの視点から具体的に表現した、もっとも参考になるこの時代のティリヒについての証言かもしれない。

そのようなティリヒに再び転機がやってきた。一九二八年の二月のことであったが、ティリヒはスイスのジュネーヴ近郊のクリッシェで開催された「ヨーロッパ会議」に彼の哲学上の恩師フリッツ・メディクスの推薦によって招待され、参加することになった。そこにはマックス・シェーラーが出席しており、彼の講演は多くの人々の関心を集めていた。シェーラーはより年少のティリヒのことを知っており、彼からティリヒに声をかけ、両者は一週間の滞在中毎日のように議論をすることとなった。ティリヒによればそれは「デモーニッシュなもの」についての議論であり、「そこからはじまり、あらゆる問題にいたった」のだという。シェーラーはこのときすでに次の夏学期からはフランクフルト大学哲学部に哲学と社会教育学の教授として就任することになっていた。それはフランクフルト大学の管理官の職にあったクルト・リーツラーの人事によるものであった。リーツラーは退職したハンス・コルネリウスの後任としてシェーラーを考えていたのである。シェーラーはこの招聘に応え、フランクフルトに転任することになっていた。ところが彼はフランクフルトで一度も教えることはなかった。なぜならこの会議のあと、静養もかねてスイスに滞在していたシェーラーは四月中旬に新しい住居を探すためにフランクフルトに出かけ、その旅行中に倒れ、五月一九日に心臓発作のために五四歳で死去したからである。そこでこの講座の後任としてリーツラーが考えたのがパウル・ティリヒであった。リーツラーはもちろんティリヒの名を知っていたが、シェーラーから改めてティリヒについての高い評価をこの春に聞かされたばかりだったからである。

さて、クローナーの人生も同じときに動き始めていた。彼は一九二八年にハインリヒ・ショルツの後任としてキール大学に転任することになった。ショルツは一九一九年からキール大学で神学と哲学の講義をしていたが、ミュンスター大学に招聘されることになったのである。クローナーの名前もそのときには後任人事の第二候補としてあげられていた。第一候補は現象学者のモーリッツ・ガイガーであり、ショルツはウィーンのルドルフ・カルナップを自分の後任として強く推薦した。しかしキール大学哲学部長はプロイセンの学術・芸術・国民教育大臣であるジッツラーの指示にしたがい今回の人事ではクローナーを推薦することにしたのである。それはクローナーのハイデルベルク時代の恩師であるヴィンデルバントの息子のヴォルフガングの意見がジッツラーに影響を与えた結果であろう。彼が書いたクローナーについての第二候補ならではの控えめな推薦状は、逆に粉飾がなく、彼の仕事についての正しい評価を伝えている。「彼の恩師H・リッケルトによれば、クローナーは歴史哲学の問題と取り組んでいる。この歴史的、自然的生を方法論的に区別しようとする彼の課題は、彼をまず生物学における目的と方法についての研究に向かわせ（一九一三年）、その後さらに一九一九年には『歴史的生物学の問題』という研究にまとめられた。クローナーが最初から刊行代表者となり、主宰し、高度で強度な立場を貫いた雑誌『ロゴス』における諸論文、彼が一九一四年に刊行した『カントの世界観』では、歴史上の人物とその学説をその精神的本質を失うことなく描き出す才能において卓越している。また彼の本質的な意味での哲学史的研究と具体的な諸問題との関連やその処理においても優れた能力を示している。ドイツ観念論の歴史である彼の『カントからヘーゲルまで』（第一巻は一九二一年に、第二巻は一九二四年に刊行され、これはまぎれもなくこの問題についての私たちの時代のもっとも優れた著作のひとつである）でもその力量を確認することができる。そこではカントの観念論が、生き生きと叙述され、さらに三人の偉大な哲学者たちによって展開されていく様子が、現代の哲学的諸問題との関連のなかで叙述されている。このような優れた能力によって、彼は読者を原典へと接近させている。そのことはドイツの精神生活のもっとも優れた学問によって育てられた彼の人格と、彼が教師としてふさわしい力量をもっていることを証明している。」

彼は一九二八年七月三一日付けでキールへの就任を約束した。それは次のような条件であった。クローナーはシュルツ教授の後任として、キール大学哲学部の正教授に一九二九年四月一日付けで就任する。ただし、一九二八／二九年冬学期についてはヴァインハンドル教授が代講する。基本給は一万二六〇〇マルクであり、それに法的規定による諸手当、および年間四〇〇〇マルクの授業手当てを受け取る。転任の費用はプロイセン州の規定により支払われる。

このようにしてティリヒとクローナーは一九二八／二九年にそれぞれフランクフルトとキールへと転任することになった。

3

さてティリヒであるが、彼が総合大学ではじめて正教授の地位を得たのがじつはフランクフルト大学であった。それは彼の神学が最終的にドイツでは伝統的な神学部の市場ではなく、哲学の市場で評価を得たということを意味しており、また彼にとってはひとつの決意の時でもあった。

すでに述べた通り、ティリヒはハンス・コルネリウスの後任としてフランクフルト大学の哲学ならびに社会教育学の正教授に就任した。彼はここでは大学の教授陣のなかで唯一の神学者であり、「世俗的な環境で哲学を教える神学者」という一般的には考えられないような立場にあった。しかしそれは彼の学問的な性格を良く表わしているし、この時代「神学」という学問がドイツ社会において担っていた役割をよく示している。なによりも彼自身にとって「やりがい」のある仕事であったに違いない。彼は「神学者のなかの哲学者、哲学者のなかの神学者」と呼ばれ、また口悪い人々からはユダヤ人の多いフランクフルトの哲学部でキリスト教神学者が哲学を教えるのであるから、彼は「ユダヤ人たちのなかのパウロ（Paul は聖書のパウロのドイツ語名である）」とさえ呼ばれた。

ティリヒがフランクフルトに招かれた理由は、当時のドイツのプロテスタント神学が置かれていた学問的な状況に基づくものである。神学はその時代もっとも多くの学生をもつ分野のひとつであった。それは神学部が聖職者のみならず、公立学校で必修であった宗教教育のための教師を養成していたからであろう。またこの時代、神学は教会や特定の宗教的な思想のなかに閉じこもるようなものではなく、国民教会制度が伝統的に確立されており、公立学校で宗派に基づく宗教教育が必修であり、神学部が公立大学に存在し、神学部の卒業生は、聖職者や宗教教育の専門家になるだけではなく、かなりの人数が官吏となって地方行政にかかわっていたのである。このような神学部の置かれた社会状況が神学者たちをキリスト教内部だけに留め置くのではなく、神学者としてキリスト教会の外の社会で仕事をすることを可能にしていたのである。

そのもっとも典型的な例が、ティリヒもその影響を受けたベルリン大学のアドルフ・フォン・ハルナックであった。エストニアのドレパットで生まれ、ドイツにやってきて、家庭ではロシア語をも使うことができたこの神学者は、学問の世界だけではなく、政治的な機構のなかでも成功し、ドイツ政治の中枢にまで駆け上った人物である。彼はカイザー・ヴィルヘルム学術財団（のちのマックス・プランク研究所）の初代総裁になった。それゆえに今日でもマックス・プランク研究所の学術賞はハルナック・メダルと呼ばれ、ベルリンにあるこの研究所所有のホールはハルナック・ハウスと呼ばれているのである。また彼は議会図書館の館長となり、ヴィルヘルム期には皇帝の正枢密顧問官であった。

ティリヒは他方で、神学と哲学との両方の学位をもち、神学的な問題を哲学的に説明することができたし、哲学者たちに、神学と結びついてしまったプラトン以後のヨーロッパの哲学の深層構造を説明することができた。その意味では、彼はドイツ観念論およびドイツ・ロマン主義の最良の理解者のひとりであったといっても過言ではないだろう。彼はキリスト教化した哲学を理解するためにもっとも適切な人物と哲学部でみなされていたのである。そして彼自身、決して神学を捨てたり、神学の伝統的な体系を壊すことはせず、ただ神学的な概念を、今日の知的状況のなかで説明することに長けていた。それがティリヒと他の学問分野の人々とを結びつけることに役立ったのである。

フランクフルトで彼はテオドール・ヴィーゼングルント（すなわちのちのアドルノ）の指導教授であり（アドルノはティリヒのもとでキルケゴールの美学についての教授資格論文を書いている）、また社会学者のマックス・ホルクハイマーを哲学・社会学の講座の教授に据えるために努力し、のちに彼がフランクフルトに社会研究所を設立するのを助けた。それは当時すでにユダヤ人を援助することが危険になっていた状況においてのことである。

ティリヒ自身、このとき不気味な仕方で力をもち始めた国家社会主義の運動に対して、その影響がドイツ全土に及ぶことを危惧して、また自らの従来の宗教社会主義の主張のゆえに一九二九年に社会民主党に正式に入党している。その後『新社会主義雑誌』（Neue Blätter für den Sozialismus）の編集委員のひとりに選ばれている。このことをもってティリヒの政治的な態度表明とする見方もあるが、それはまったく逆のことだと言うべきであろう。ティリヒが実際にどれほど現実的な意味で政治的な意識をもっていたかどうかは疑問であり、この行動は、政治的な決断であるよりは、政治的な現実認識の不備が招いた行動というべきであろう。

しかしティリヒはこのフランクフルトで、社会研究所の教授たちと同じような運命に巻き込まれてゆくことになった。ティリヒがその生涯で何度も繰り返し語ったフランクフルトでの焚書の出来事である。一九三三年五月一〇日の夜の出来事であった。フランクフルト市の中心部、かつて皇帝の戴冠式が行なわれた広場で二万五〇〇〇冊を越える書物が集められ、燃やされたのである。もちろんそれはフランクフルトだけで起こったわけではなく、ドイツ国内の主要な都市で行なわれた。そのときの様子を、のちにティリヒは次のように語っている。これは彼が亡命後、ニューヨークのラジオ局から、ドイツ国民に向けて定期的に行なっていた放送で、「アメリカの声」という放送で語られたものである。

「あなたがたの多くが、まだあの日の出来事を覚えているでしょう。私はそれを目撃することになったので、それがいかに私にとって重要で、不気味で、そして決して忘れることができないものであったかをお話ししてみたいと思うのです。それはフランクフルトでのことでした。私と妻はかつてドイツ皇帝の戴冠式が行なわれたレーマー広場に面した建物の窓から目撃したのです。中世の面影を残すこの広場に群集が押し寄せ、黒シャツ〔ナチスの親衛隊〕や茶シャツ〔同突撃隊〕がそれを静止しようとしていました。そこに薪が山のように積み重ねられると、狭い路地から松明を持った者たちの行列が登場しましたが、それは制服を着た学生や党員たちでした。その列が延々と続くのです。松明の光は暗闇の中で、ゆらゆらと揺れ、建物の破風を照らし出しました。私はスペインの異端審問時代の絵を思い浮かべていました。すると最後に、まさに中世さながらの姿で二匹の牛に牽かれた荷車がガタガタと音を立てて広場に入ってきたのです。そこには犠牲のために選ばれたたくさんの書物がのせられていたのです。荷車の後ろには大学教会付きの牧師が大股で歩いてきました。一同が薪の山に火をつけると、牧師はその車に乗り、弾劾のための説教をはじめました。それから最初の本を自らの手で火のついた薪の中に投げ込み、さらに何百冊もの書物が同じ運命となりました。その焔は高く燃え上がり、夢のなかのような光景を映し出したのですが、それは現実でした。時間は二百年も逆戻りしたのです。」

この夜の約一ヶ月前、ナチスはドイツ学生協会（Deutsche Studentenschaft）を使って、「非ドイツ的な魂」に対する抗議運動を行なうと宣言し、新聞やラジオ放送を使って、この運動内容を宣伝しはじめた。それはドイツ的ではない思想家たちの書物を焚書にする「払い清め（Säuberung）」の儀式を行なう宣言であった。

この運動ははじめから宗教的な様相を呈していた。まさに中世の異端審問を再現して見せることが運動としての効果を具体化するものと考えられていた。さらにはこの出来事は、もっともドイツ的だと彼らが考えた歴史的出来事のひとつであるマルティン・ルターの宗教改革を真似て開始された。ルターの「九五カ条の提題」をパロディー化した「一二カ条の提題」を発表したのである。かつて一六世紀に、ピュリタン革命やフランス革命よりも早く「自由」の革命を行なったドイツ人マルティン・ルターの精神がここに甦るというシナリオを彼らは書いたのである。そのなかでは純粋なドイツ語とドイツ文化の重要性が高らかに宣言され、「非ドイツ的」なもの、「ユダヤ的知性における知識の偏重」、そしてマルクス主義の誤りが指摘されており、それらを排除し、ドイツ的な文化の純化と、意義が強調されている。この宣言に基づいて、学生たちが一九三三年に二万冊を超える「非ドイツ的な」書物を燃やしたのである。その様子を伝えているのがあのティリヒのラジオ放送である。フランクフルトではティリヒのみならず、フランクフルト大学の教員たちや社会研究所が標的にされた。

それはまさに宗教儀式の様相を呈していた。ナチスの指導者のみならず、大学教授、牧師、学生の指導者がその儀式を担当し、驚くべきことにマルティン・ルターの讃美歌「神はわがやぐら」が歌われ、最後には「火の誓い」と題された、ナショナリズム高揚のための讃歌が歌われ、大学牧師の祝禱によってこの儀式は終わった。

その光景を目撃して、ティリヒはついに亡命を決意した。彼は社会研究所や大学の同僚たち、とりわけマックス・ホルクハイマー、ヴィンセント・アドルノ、エーリヒ・フロム、そしてヘルベルト・マルクーゼやハンナ・アーレントとも密かに連絡をとり合い、亡命先についての情報収集を始めた。

ところで偶然にもその儀式の翌週、ニューヨーク市のコロンビア大学に、ブロードウェーのアッパータウンに点在する大学の責任者たちが集まった。それは「国外追放ドイツ人学者援助緊急委員会」と名づけられていた。そこでナチスの最初の犠牲者となった創造的で有能な大学教授たちをアメリカに迎える可能性についての協議が行なわれていた。各大学の学長と学部長が集まり、あらかじめ準備されたリストに基づいて慎重な協議が続けられた。このような会合はアメリカの他のいたるところで行なわれていた。

　ニューヨーク市での会議の出席者のひとりに、コロンビア大学に隣接するユニオン神学校の校長のヘンリー・スローン・コフィンがいた。彼はそのリストのなかにフランクフルトの哲学部の教授であるが、元来神学者であるパウル・ティリヒの名前を見つけた。彼はちょうどそのころ、同僚で、有名な社会倫理学者ラインホールド・ニーバーの弟でイェール大学神学部教授であったヘルムート・リチャード・ニーバーによって翻訳されたティリヒの『現代の宗教的状況』を読んだばかりであった。コフィンは、ニューヨーク市場の株暴落後の経済不況のなかにある小さな神学校がティリヒを単独で受け入れることはとてもできないが、もし彼が英語で講義をすることができて、さらにコロンビア大学が哲学部の客員教授としてティリヒを雇うのであれば、その経費の半分と宿舎とをユニオン神学校が提供し、期限付きの非常勤教授として雇用してもよいと提案した。

　この提案はこの委員会の暫定的な委員長であったジョン・デューイによって受け入れられ、ティリヒはニューヨークに招かれる四人の教授のひとりに選ばれたのである。もちろんティリヒはそのようなことを知る由もなかった。この決定についてコフィンがデューイから受け取った報告書のなかには次のように書かれている。

「コロンビア大学に避難民学者のため一時的に基金を設立することに対し、教授会の構成員に意見の開陳を求め、教授たちがこの目的のために基金を捻出する用意があるかどうかを問い合わせたところ、ただちに反応があり、一二五名の教授会の構成員より寄附の申し出を受けた。

それによって次の四人の追放された学者に対して、コロンビア大学としては財政上の責任を負うことなしに、客員教授としての教授職を設置することが可能になった。それは人類学者ユリウス・リップ、考古学者マルガレート・ビーバー、数学者シュテファン・ヴァルシャウスキー、そして神学者パウル・ティリヒである。」

この決定を受けてティリヒに招聘の電報を打ったのはラインホールド・ニーバーで、三日後にコロンビア大学事務局長フランク・D・ファッケンソールの正式な招聘状が届いたのであった。ティリヒはコロンビアからの招聘があったということは公けにせず、文部大臣にコロンビアで一年の客員教授として招かれたことへの許可を求めた。文部大臣は九月九日に出国の許可を出した。もちろん招聘状にも一年間の客員教授としか書かれていなかったが、ニーバーの電報を受け取った日から出国までティリヒは秘密警察の尾行を絶えず受けることになった。彼は一〇月の終わり、船でニューヨークに向かった。

ティリヒは自ら「ユダヤ人以外で最初に大学を停職処分になったドイツ人である」と語っているように、ドイツでの大学教授の職を失うことになった。一九三三年にニューヨークに向かい、ニューヨークのユニオン神学校とコロンビア大学で非常勤の講師として迎えられ、一九三七年には正式にユニオン神学校の準教授に任命された。

一方、クローナーもキールでの教育活動を順調にこなし、その成功はフランクフルト時代のティリヒ以上であったかもしれない。ハウス・ボレウスキーは次のように述べている。「キール大学でのクローナーの講義は、古典的なドイツの大学の講義の最後の姿であったかもしれない。デカルト、スピノザ、ライプニッツというような初期啓蒙主義や同時代の哲学についての彼のすばらしい講義と、自由意志に関する初級演習は、いまでもしばしば思い出される。」さらに彼がもっとも力を入れ、また学生たちの人気を得た講義は、「ドイツ観念論とキリスト教」に関する講義であった。

彼は一九三〇年七月二三日にヴァイマール憲法に関する政府主催の講演会で、大学を代表して「国家の理念と現実」という講演を行なった。その内容はのちに一九三一年になって『政治学の文化哲学的基礎づけ』という題で刊行されたが、これがのちに彼の政治的立場を、ユダヤ人であるということを超えて危うくする原因のひとつとなった。その内容はペーター・ロースが言うように、独裁政治に反対する政党政治の有用性を強調するものであった。彼は次のように伝えている。「キールでの憲法式典におけるクローナーの祝祭的な講演を取り上げるならば、人は彼の具体的な政治的立場や、一九一九年の憲法によって生み出された自由なデモクラティックな国家のための戦いを知るであろうし、国家社会主義者たちが哲学講座のクローナーになぜ我慢ができなかったのかを理解するであろう。」

またこの年、一九三一年一〇月一八日から二一日にかけて、ベルリンで第二回国際ヘーゲル学会が開催された。彼はこの国際会議を主催する国際ヘーゲル協会の会長であり、一九三三年にはローマで第三回目の学会を開催している。

キールはクローナーにとっては彼のアカデミックな人生のなかに置かれたいくつかの山の頂点のうちのひとつであろう。しかしその時期は長くは続かなかった。一九三三年一月三〇日にはキール大学のナチスの学生たちが、政治的に、また人種的に疑わしく、信頼のおけない教授たちを告発しはじめたとき、彼らは誰よりも先にクローナーを名指ししてきた。彼の学生や助手たちは彼の立場を擁護したが、それらの者たちはみな大学から与えられてきた奨学金にあたる助成金を打ち切られ、また助手としての契約をなんの説明もなく突然打ち切られることになった。クローナーの講義は次第に彼を政治的に告発し、大学から追い出そうとするナチスに忠誠を誓った学生たちによって占められるようになり、彼らの妨害行為は誰の目にも明らかであった。彼は一年以上にもわたりこの妨害活動に悩まされ、またキールにおけるカント協会の指導を中止するように指示され、ついには一九三四年一月一六日付けの学長決定により、講義停止という処分を受けた。

彼はすぐに一月一八日にベルリンのプロイセン州政府の文部省に出頭し、この処分についての不服申し立てをした。それに対応したライプツィヒ大学の生物学教授であったアヒェリスは、クローナーの場合は第一次世界大戦にも従軍しており、公職にあり続けることができると判断したが、この報告は最終的な決定権をもつ責任者にまでは届かず、文部省の大学人事担当者であるハウプト博士、そしてティリヒの場合と同じようにシュトゥトゥアル博士のところで止まったままで、処分が撤回されることはなかった。その後、同年四月一〇日になって「官吏服務規程」が新たに決定されたことによって、彼は戦争従軍者として「官吏の職務復権に関する法律」の第五条が適応され、五月一日付けでキール大学からなんとティリヒがアメリカに去ったのちのフランクフルト大学哲学部の正教授への移動が決定された。そしてすでに二月二八日付けで申請されていた二学期にわたる研究休暇も承認され、後任が決まらないキールの講座はマールブルクの私講師であるハンス＝ゲオルク・ガダマーによって代講されることになった。

クローナーが研究休暇を申請していたこともあり、フランクフルトではやはりマールブルクの私講師であったゲアハルト・クリューガーが彼の代講をした。彼はその間にローマの王立大学で哲学の客員教授の職を提供されることになったので、そこで研究学期を過ごすことにしていた。彼はその間にドイツ以外の地での新しい教授職の可能性を探そうとしていたのかもしれない。いずれにしてもドイツが保証する大学教授としての地位が、彼のローマでの客員教授としての地位を保証していた。

しかし彼はローマ滞在中にさまざまな場所でとどめられ、転送されていた、フランクフルト大学学長プラッツホフからの手紙を一〇月二六日になって受け取った。彼は至急クローナーに、年金給付がないまま解雇されるまえに、自ら進んで退官するようにと勧めてきた。彼は同じ提案を中世史の教授であるエルンスト・カントローヴィッチに対しても勧めていると書いていた。プラッツホフの提案はクローナーには不条理な要求のようにも思えたが、彼にとってはこの時にできる最善のことのようにも思えたのである。そこで彼は一二月一三日付けでこの提案を受け入れる手紙をプラッツホフに送ったので、彼はそれを一七日付けで文部省に転送し、受理された。

一九三五年二月一日になって文部省は、クローナーを同日付けでキール大学の哲学部に差し戻すことを通告してきた。彼はついにはフランクフルトで教えることはなく、キールに戻され、最終的には「ヘーゲル哲学についての嘱託研究」のための教授に任命され、大学には立ち入りが禁止され、ベルリンにて職務を遂行するように命令された。それは彼を政治的に監視するために便利だったからである。しかしそれは、彼にも好都合であった。

三月六日のことであった。彼はドイツ国、及びプロイセンの学術・教育・国民教育担当大臣より次のような手紙を受け取ったのである。「本職は、貴職を一九三五年二月一日付けで、キール大学哲学部に差し戻す。貴職はこの時点から年額一二、六〇〇ライヒス・マルクを受け取り、この基本給と共に正当な住居手当、および臨時家族手当をキール大学会計より受け取ることができる。この給与は、一般給与規定に従って差額分と未払い分を基礎にして算出したものである。しかし当学期分の残余期間については、貴職は休職扱いとなる。また貴職からの申し出により、本職は一九三五年三月末日をもって貴職を前記の職務上の責任から解く。解雇通知は別便で送付する。その後、本職は、ヘーゲル哲学の嘱託研究を貴職に与え、職務上の住居はベルリンを指定する。移動費用の給付は現行の規則通りである。フランクフルト・アム・マインの大学、およびキール大学には当職よりすでに同内容を通知した。」

この手紙が通知していることは、クローナーは大学における正教授としての職務を本人の希望により退職したのであり、今後、彼は大学の嘱託教授となるが、その後、彼は大学に立ち入ることはできず、定められた研究を行なう嘱託教授としてヘーゲル研究を担当するようにというものであった。この制度はドイツの大学ではしばしば利用されていたもので、精神的な病気で大学を退職し、年金受給者となったマックス・ヴェーバーはまさに嘱託教授であった。これは名誉教授と訳されてもきたが、そのような意味は元来なく、特別な職務のために、例えば公務員が大学の講義を特別に定められた期間だけを担当する場合に与えられるものであった。

しかしクローナーはそれで失望したり、大学での職務を放棄したりするのではなく、彼に許されていた週に一度の他の同僚たちとの談話の時間を利用して、ベルリンにおけるクローナー・クライスと呼ばれる活発な研究会を続けた。フッサールの弟子で、このときベルリンのユダヤ高等学院で教えていたフリッツ・カウフマンは次のようにヨナス・コーンに書き送っている。「私はクローナーが結成したクライスに参加しています。彼はそこでヘーゲルの論理学を取り上げています。彼は弁証法的な思考について、彼の驚くほどの学識と学問的な定義を示すことで、参加者を圧倒しています。そして私もその参加者のひとりなのです。またひと付き合いのよいヘルムート・クーン、ギリシア哲学に詳しく、また洞察力に豊んだクルト・リーツラーも同様です。……いまはこれはもっとも貴重なクライスのひとつです。」

さらに彼は一九三六年にはアメリカの哲学協会で講演をするために招待され、その帰りにロンドンに立ち寄っている。しかし彼の活動はますます縮小され、孤独を強いられるようになり、ついに亡命を決意するようになった。ベルリン大学のナチを支持する国民経済学の教授イェッセンがなぜかクローナーにイギリス行きのビザが発給されるように取り計らってくれたので、彼は一九三八年一一月になって、オックスフォード大学での客員教授として講義を担当するという理由でイギリスに向かった。そのとき彼の「ポケットの中には一ペニヒもなく、外国で何をするのかということについてもあてがあったわけではなく、まさに生きる手段も祖国も失ってしまっていた」。このように証言し、クローナーを支援したのはオックスフォードのチューターであり、かつてのクローナーの教え子のひとりであったマイケル・フォスターであった。

一九三八年一一月八日にクローナーはイギリスに向かい、半年間フォスターの配慮のもとクライスト・チャーチで客員研究員として過ごすことができた。一九三九年六月には彼の妻アリスと彼の母もベルリンを脱出し、イギリスに亡命した。その年に彼はセント・アンドリュース大学の道徳哲学の教授であったマルコム・ノックスとフォスターの推薦で、当地で行なわれる有名な寄附講座であるギフォード・レクチャーを担当することが決まった。その講義の間に彼の高齢の母は亡くなり、彼はそれをきっかけにかねてから誘われていたアメリカでの講義に希望を抱くようになった。彼はかつてのキールでの弟子のひとりであったオースティン・リー教授の招きを受けて、一九三九年一二月四日にニューヨークに向かった。リー教授は白血病で早くに亡くなったので、この時期の経過についてはほとんど記録が残されていない。しかし一九四〇年三月には彼はハーヴァード大学で客員講演を行ない、翌年にはモントリオールのマクギル大学から招聘の可能性を打診された。しかし両大学は彼のアメリカでの安住の場所ではなかった。彼をアメリカで救ったのは彼よりもすでに三年前にアメリカに亡命していたパウル・ティリヒであった。かつてクローナーがドレスデンにティリヒを招いたように、今度がティリヒがクローナーを招いたのである。

4

多くの亡命知識人がようやくたどり着いた約束の地で、すぐに失望を経験し、ときには絶望さえも経験しなければならなかったのは、彼らの多くはドイツで得ていた地位と同じような職業と生活とを手に入れることができなかったどころか、アメリカ自体がヨーロッパとの戦争と空前の不景気のなかで苦しんでいるなかで、生活していくことすら困難であるような状況にしばしば陥ったからであった。その点ではティリヒはおそらく特別に幸運な状況に置かれていたと言ってよい。彼がアメリカにやってきた段階ではまだ亡命者たちが、アメリカの大学の援助によって客員教授として迎えられることが美談として、あるいは特別な出来事として理解されていた。一九三三年一〇月四日の『ニューヨーク・タイムズ』紙は、ニコラス・マレー・バトラー記者の署名入り記事で、「一九三三／三四年の学期に三名のドイツからの避難民の学者がニューヨークのコロンビア大学およびその周辺の大学で客員教授として任命される」ことを報じている。それぞれの経歴については「パウル・ティリヒ博士、哲学教授、フェーリックス・ベルンシュタイン博士、数学教授、ルードルフ・シェーンハイマー博士、生化学教授である」と伝えられている。それ以後、このような記事が特別に掲載されることはなかったし、急激に増加した亡命知識人の数はもはや新聞の記事としては特別なものではなくなってしまったのでである。それは幸運な亡命者たちの第一波の様子を伝える出来事なのである。ハーヴァード大学のティリヒ文書ではなく、妻のハンナ・ティリヒ文書のなかにその新聞の切り抜きがノートに貼り付けられて保存されているが、ティリヒ自身がそれを特別なことと考え、この特別な恩恵を自覚していたかどうかは疑わしい。

確かに一九三〇年代がはじまったころのアメリカの大学には、ニューヨークからはじまった世界的な大恐慌の影響にもかかわらず、なお教授職のポストに空席もあり、それを増設する余裕があった。そのためアメリカに移り住んだ知識人たちの多くは、そのポストを得ることができた。確かに、ローラ・フェルミが言うような意味での知識人たちは、アメリカが国家として負担すべき専門的な知識人を養成するために必要な教育費を必要とすることなく、すべての教育を終え、さらには教育と研究のキャリアも積んでアメリカにやってきたのである。その意味では、もし大学の教授職のポストに余裕があったのであれば、彼らは考えられうるもっとも優れた人材であった。しかし一九三三年以後の大量の移民、とりわけ亡命知識人の渡米、そして大恐慌以後の深まる経済的な混迷とそれによる大学の教授職の縮小などの影響のなかで、ヨーロッパからの移民たちはアメリカ社会の、そして特に知的世界の大きな重荷となった。ティリヒはちょうどその境い目におり、彼自身のさまざまな亡命後に語られた不平や不満にもかかわらず、もっとも恵まれた環境を与えられたひとりであったと言うべきである。

ティリヒ以後の、すなわち一九三三年ショック以後の亡命者の多くはただちに職を得ることはできなかったどころか、ふさわしい職を得ることさえできなかった。しばしば自然科学系の大学教授や医師などはすぐに職を得ることができたと誤解されているが、事実はそれほど単純ではなかった。たとえばドイツからやってきた多くの医師たちは、ドイツの医師免許や経歴は認められたものの、そのままでは開業することも、病院で働くこともできず、アメリカでのインターンとして一定期間の職業訓練を強要されることになった。法律家の場合も同じであった。多くの亡命者たちは、アメリカで自分たちはヨーロッパと同じ仕事、あるいは同等の職業に就くことができると確信しアメリカにやってきたのであるから、彼らはこの状況に混乱し、自己憐憫や憂鬱に陥った。ティリヒ自身がそのことについて次のように手紙に書いている。「アメリカの株式売買の仲介人たちが仕事がなく、街角でリンゴを売っているという状況のなかで、ドイツの大学からの避難者たちは英語ができないということで、ホテルの客室係を紹介されているのです。あるいは妻たちは女中や子供の世話係となり、ついには娼婦となったひとりの女性を知っています。」

大学の状況は一九三五年以後さらに悪化していた。全国の主要都市の名門大学のみならず、地方の小さな大学やコレッジでの職もすべて閉ざされてしまったあとで、今度はアメリカで教育された若い助手や大学院生たちの批判が亡命者に向けられるようになった。すべてを完成させたうえで、さらにはアカデミックな経験を十分に積んだヨーロッパの亡命知識人たちは彼らの職場を、就職口を奪う連中だと見なされたのである。また大学でそのような若い世代を育ててきたアメリカの大学の教員たちは、亡命者たちよりも自分たちの学生に同情的になったし、若い世代を雇用する費用と比較して、すでにキャリアを昇りつめ、高齢になっていた亡命者たちはコストが高く、要求の多い厄介者であった。

それではティリヒはどうであったのか。ドイツを出発したティリヒは一九三三年一一月三日にはニューヨークに到着予定であったが、強い霧のために、船は港からハドソン川に向かうことができず、一晩さらに船上で待たされることになった。港ではわざわざベルリンでティリヒにアメリカ側の決定を説明してくれたホーレス・フリース夫妻、すでにアメリカに渡っていたかつてのカイロス・クライスのエドゥアルト・ハルトマン夫妻、そしてフランクフルト大学のマルティン・ゾンマーフェルト夫妻の出迎えを受けた。

その日のうちにすでに、彼らはその後少なくとも一年はそこに住むことになるニューヨークのアパートにいた。それはニューヨークのユニオン神学校が所有している建物の一部で、コロンビア大学との約束で、ティリヒのために提供されることになった住居であった。客員教授としての年俸は通常の場合の半分ほどであったが、この住居を無料で提供することが、ティリヒとその家族がなんとか生活することができるために考え出された妥協案であった。そしてこの一二〇〇ドルの年俸はユニオン神学校とコロンビア大学がそれぞれ、三分の一と三分の二を負担する契約であったが、小さな神学校には十分な予算があったわけではなく、そのために教授会のメンバーは自ら進んで給与の五％を返上することを申し出たのであった。じつはコロンビア大学の方でも、この計画のためにすでに大学の教授会メンバーの有志が大学の呼びかけに応じて、給与の一〇％を返上していたのであった。さらにはティリヒのこの提供された家には、ユニオン神学校の教授会のメンバーとその家族が提供した家具がすでに運び込まれており、明日の朝の食事に必要な果物とパンまでがすでにテーブルに置かれていた。

ティリヒはこのようなアメリカの大学と新しい友人たちの心遣いや親切に深く感謝していたし、そのことを何度も書き、自ら語ったが、他方で、アメリカで始まった新しい生活に苛立ちを感じ、失望を隠しきれなかった。彼は次第に自分が「追放された移住者」であるという自覚を強くもつようになった。彼は四七歳になるまで比較的順調にドイツでの学問的キャリアを積み重ねていたのに、一瞬にして「貧しく無名になり、学問的な階段の最低のところからやり直しを強いられることになった」。同じような表現を彼は繰り返した。「私は突然アメリカで私講師になってしまった」と述べたこともある。「私講師」とは、ドイツでのアカデミック・キャリアの最初の段階で、教授資格論文を書き終えて、講座で講義を開講することで収入を得る段階を指している。今日では一定の給料が大学から支払われているが、この時代は講義ごとの聴講料がその収入となった。ティリヒはアメリカで毎年契約が更新される客員教授であり、生活を保障されるというよりは、講義に対する謝礼を受け取っていたのでそのように述べたのであろう。またあるときには「私は学問的キャリアの階段を七つも転げ落ちてしまった」と述べた。七つは象徴的な数字かもしれないが、フランクフルトで正教授であったティリヒは、教授資格論文を書き上げてその地位を得るまでに、私講師時代、マールブルク大学でのいわゆる定員外教授時代、総合大学ではないドレスデン工科大学での定員外教授、正教授、さらには一時期、総合大学であるライプツィッヒで嘱託教授となり、そしてフランクフルトで正教授となったのであり、渡米時には学部長でもあった。これらの経歴を上り詰めたところで、その階段から転げ落ちたということなのかもしれない。

もちろんティリヒは、アメリカで不平や不満ばかりを述べていたわけではない。彼は自らが比較的よい待遇でアメリカに迎えられ、そしてそれは他の亡命者たちと比べて大変恵まれた状況であることを認識するようになったのである。だからこそ、彼は彼よりもあとにドイツにやってきた多くの友人たちに援助の手を差し伸べ、さらに何千人にものぼる知的世界での亡命者を公的にも助ける仕組みを立ち上げ、その責任者にもなった。イェールに職を得たアーノルド・ヴォルファース、新社会研究所のエドゥアルト・ハイマンやアドルフ・レーヴェ、アドルノ、ホルクハイマー、マックス・ヴェルトハイマー、クルト・ゴールトシュタインなどがその中心であったが、ハイマンが述べている通り、「一九三四年の終わり頃までには、フランクフルト時代の彼の友人や同僚は次々とアメリカに到着したが、彼らは新しい職場を得てニューヨークを去るまでは、たいていティリヒのアパートで規則的に再会していた」。ニューヨークで「再びティリヒを中心にして、おなじみの論争を彼らは再開したのであるが、彼が指導者の役割を果たすことは自明のこととされていて、イギリスからの船で午後五時にニューヨークに到着したばかりのアドルノなどは、同じ日の午後七時にはもうティリヒのアパートにいた」という話はいまや伝説になっている。

この交流はティリヒの晩年まで続いた。その証拠に、ティリヒは亡命者大学が改名、発展して設置されたニューヨークの新社会研究所に、シカゴ大学との契約が終了する一九六六年には、新しく設置されることになったアルヴァン・ジョンソン哲学寄附講座の教授として赴任することなっていたのである。そしてこの人事に強く賛成したのはほかならないアドルノだった。彼はその理由をただ「フランクフルト時代の友情と、彼の教育的なカリスマと豊かな人格性のゆえに」と述べている。

このような私的な友情を超えて、ティリヒは公的な活動にも乗り出した。ティリヒの友人でかつてはドイツの高級官僚でもあったハンス・シュタウディンガーは、ニューヨークに亡命後、コロンビア大学の援助で設置された亡命者大学の教授になったが、他の多くの亡命者がドイツをようやく脱出し、アメリカに避難したあと、仕事を見つけることができないどころか、生活にも困り、病気になっても医師にかかることさえもできない状況を見るに見かねて、また個人的な援助には限界があることを思い知らされて、一九三六年一一月二五日に正式に「中欧からの移住者自助会」を設立した。ティリヒはこの会が設立される前から自主的な活動を続けていたが、正式にこの会が発足するとシュタウディンガー夫妻に請われて、会長に就任し、一五年間にわたってその活動を指導した。

彼はその発足式で会長として次のように述べた。「私たちはこの会に『自助（Selfhelp）』という名前をつけました。その理由は私たちを迎えてくれたこの国への反発や苦情からでもなく、私たちを追い出した国への哀愁の想いからでもありません。それは私たちが、（個人的なという意味での）自己というだけではなく、より大きな自己、すなわち国家社会主義の最初の犠牲となった人々の全体を援助しようとしたからなのです。私たちがそのような団体としての一体感を得たのは、相互関係のための気の利いた配慮から生まれたものでも、憐憫などという感傷的な想いからでもありません。それは私たちがみな同じく経験している共同の破局の経験、つまり私たちの過去を破壊した者たちへの一致した怒り、そして怒りに留まるのではなく、この破壊から新しい何かを創造しようとする私たちに共通の確かな決意に基づく、より大いなる『私たち』の経験に基づくものなのです。ですから、より高い自己についての経験がこの自助会を生み出したのです。それゆえにこの会は『自助会』と呼ばれることになったのです。」

ティリヒは、この「中欧からの移住者自助会」で、「亡命者たちのための、すなわちほとんどがユダヤ人からなる毎年多くの新参者たちのための、亡命者たちによる組織化を助言し、具体的な行動によって助け」、その中心的役割も果たしていたのである。たとえば彼はハンナ・アーレントに、すぐにこの組織に登録することを薦めた。それは、彼女がとりあえずは英語を身につけるために、マサチューセッツ州ウィンチェスターのアメリカ人家庭に居場所を確保するためであった。

同じことがクローナーの場合にも起こったのである。マリオン・パウクによれば、ヒトラーが政権の座についたあとになっても、クローナーがドイツに残り、不確かな情報のなかで、わずかな可能性を期待していたときにティリヒはかなり強い調子で、クローナーの判断を批判した。そのとき「ティリヒは感情を害して、ほとんど両者の友情に終止符を打つところであった」。クローナーは「自らも危険を感じないわけではなかったが、キールで購入した新しい家が捨てがたい」とティリヒに述べたのであった。ティリヒはその考えは誤りであると述べ、クローナーの判断を強く否定した。それがきっかけで両者は絶縁状態になっていた。しかしその後、クローナーは「ナチスの財務大臣の秘書をしていた友人から、彼のように一部ユダヤ人の血が混じっている者も長くは生きられないと警告され」、ついに亡命を決意したのである。イギリス、カナダを経由してアメリカに亡命したクローナーを、ティリヒは過去の行き違いにもかかわらず、暖く迎えたのであった。ティリヒはクローナーをユニオン神学校の宗教哲学の教員として推薦し、確かに不安定な一年ごとの契約を続ける非常勤の教授であったが、亡命先での新しい仕事を紹介したのである。ティリヒはベルリンやマールブルクで、その神学的立場が異端的ではないかと批判されたときに、クローナーが彼をドレスデンに招いてくれたことを決して忘れていなかった。その後ニューヨークで再開された両者の交流については本書に収録された書簡から知ることができる。それゆえに、すでに長くなりすぎたこれらの書簡を読むために必要な解題はここで終わることにしたい。

5

本書に収録されているのは、ドイツを脱出し、亡命の問題をめぐって意見が対立し、一時的に音信不通となったあと、再び友情を回復するようになった両者の間で、あるいはそれぞれの妻たちも含めた四人の間で交わされた書簡類の翻訳である。また編者による両者の思想史的な連関を含めた解説はこの時代の哲学や神学の研究の状況ばかりではなく、この時代の大学における学問行政をめぐるさまざまな問題やそれを取り巻く社会的状況を明らかにしてくれる。そこにはヴィルヘルム期からヴァイマール期、そして第三帝国の時代と戦後にかけてのドイツ思想界の様子がいきいきと描き出されている。書簡類はハーバード大学のアンドーバー神学部図書館とニューヨークのレオ・ベック研究所に保存されている。編者たちがそれを調査し、まとめた。今回の翻訳にあたっては念のためオリジナル・テクストも入手し、編集過程で生じた誤植を訂正した。

本書を編集したフリードリヒ・ヴィルヘルム・グラーフとアルフ・クリストファーセンは、ミュンヒェン大学のプロテスタント神学部の倫理学講座の教授とその助手であった。グラーフは二〇一三／一四年の冬学期までその職にあったが、六五歳で早期定年を選び、本書が刊行される直前、二〇一四年一月二八日に最終講義を行なった。クリストファーゼンは、二〇一二／一三年の冬学期からヴィッテンベルクのプロテスタント・アカデミーに職を得て、現在そのアカデミーの学術研究者の職にある。

グラーフはエルンスト・トレルチの研究者として出発し、現在の新しい『トレルチ著作集』の編集を手がけているが、その後、近代の神学思想史を社会史との関連で読み解くための研究を広範囲にわたって手がけ、神学者としてははじめて一九九三年にライプニッツ賞を受賞した。クリストファーセンはそのグラーフを助け、やはりヴァイマール期の神学思想史を同じ手法で読み解いた『カイロス』という著作で二〇〇九年のマックス・ヴェーバー賞を受賞している。

翻訳は茂牧人氏と共同で行なったが、編者のひとりであるグラーフのもとで一時研究をし、現在はウィーンで研究を続けている宮崎直美氏の協力を得て完成した。そこで翻訳は三人の共訳とした。

訳者あとがき

本書のドイツ語のオリジナル・テクストについての説明は、深井氏の解説の中にかなり詳しく述べられているので、そちらに譲り、ここでは本書の成立の経緯について述べておきたい。深井氏と筆者は、二〇〇一年一〇月に西南学院大学で開催された日本基督教学会の学術大会のおりに出会った。その後、親交を深め、たとえば、『理想』六八八号（二〇一二年）では、二人で企画をたてて「〈神〉思想のアクチュアリティ」という特集を組んだ。また、二〇一四年六月には、東北大学で開催された実存思想協会第三〇回大会の〈信仰と実存〉という講演会で、二人で講演をする機会もあった。

筆者は、これまでハイデガー研究を専門としてきたのだが、『ハイデガーと神学』（知泉書館、二〇一一年）を刊行して、一区切りをつけていた。そこからさらにハイデガーと親縁性のあるシェリングの研究をしようと決断して、ドイツ観念論に関する著作を集めていたおり、クローナーに出会った。二〇一二年夏に神楽坂の串カツ屋で二人で飲んでいたときに、その話をすると、すでにティリヒの書簡集の翻訳を始めたおられた深井氏から、「では、クローナー＝ティリヒ書簡集があるので、翻訳しましょう」という話をいただき、本書が成立したのである。

筆者としては、この翻訳を通じて、クローナーという哲学者が、ティリヒとの交流によって、神学や自身の信仰と哲学とのあり方を問い、自身の思索を深め、次第に神学やキリスト教信仰の問題を扱っていったことを学んだ。彼らの交流に象徴されるように、ドイツでは神学と哲学との関係が密接な関係を結んでいるのに対して、東京の哲学やプロテスタント教会の圏域では、両者の関係を問うことは稀である。哲学研究者は、神学とは切り離して思索しなければならないと考え、神学者は、バルトの影響下で、哲学を無用のものと感じているからである。このような状況のなかで、クローナーとティリヒとの関係は、筆者と深井氏の関係と重なり、ひいては、今後の哲学と神学との関係を強化し、互いを深めていく方向へ導いてくれるものと期待できるのである。

本書が、今後のティリヒとクローナーの研究、神学と哲学との関係の思索に役立てば、嬉しく思う。最後になったが、翻訳に際し、行き届いた指導をしてくださった未來社の社長の西谷能英氏と編集に携わってくださった長谷川大和氏にお礼申し上げる。

二〇一四年一〇月

訳者を代表して　茂　牧人

パウル・ティリヒ（Paul Tillich, 1886-1965）
ベルリン、ハレなどで哲学と神学を学ぶ。フランクフルト大学哲学部教授などを経て、アメリカに亡命、ユニオン神学校教授などを歴任。邦訳に『ティリッヒ著作集』（白水社、1978-80年）ほか。

リヒャルト・クローナー（Richard Kroner, 1884-1974）
ベルリンなどで哲学を学ぶ。キール大学教授などを経て、アメリカに亡命、ユニオン神学校教授などを歴任。邦訳に『ドイツ観念論の発展　カントからヘーゲルまで』（理想社、1998年—）、『自由と恩寵』（教文館、1991年）ほか。

編者略歴
フリードリヒ・ヴィルヘルム・グラーフ（Friedrich Wilhelm Graf）
1948生まれ。ミュンヒェンなどで歴史学、神学、哲学を学ぶ。2014年までミュンヒェン大学プロテスタント神学部教授。専門はドイツ近代思想史。著書にFachmenschenfreudschaft. Studien zu Troeltsch und Weber, Berlin: De Gruyter 2014ほか。

アルフ・クリストファーセン（Alf Christiphersen）
1968年生まれ。ミュンヒェンで神学を学ぶ。ヴィッテンベルク・エヴァンゲリッシェ・アカデミーの研究員。専門はドイツ宗教思想史。著書にKairos. Protestantische Zeitdeutungkämpfe in der Weimarer Republik, Tübingen: J. C. B. Mohr (Paul Siebeck) 2008（2008年Max Weber Preis受賞）ほか。

訳者略歴
茂 牧人（しげる・まきと）
1958年生まれ。上智大学大学院哲学研究科哲学専攻博士後期課程単位取得満期退学。2013年京都大学大学院文学研究科思想文化学専攻キリスト教学専修より博士号取得。専門は近・現代ドイツ哲学、宗教哲学。現在、青山学院大学総合文化政策学部教授。著書に『ハイデガーと神学』（知泉書館、2011年）ほか。

深井智朗（ふかい・ともあき）
1964年生まれ。アウクスブルク大学哲学・社会学部博士課程修了。Dr. Phil.（アウクスブルク大学）、博士（文学、京都大学）。専門はドイツ宗教思想史。現在、金城学院大学人間科学部教授。著書に『ヴァイマールの聖なる政治的精神』（岩波書店、2012年）ほか。

宮崎直美（みやざき・なおみ）
1985年生まれ。一橋大学大学院社会学研究科修士課程修了。専門は政治思想史。現在、一橋大学大学院社会学研究科博士課程、ウィーン大学プロテスタント神学部在学中。

[転換期を読む 24]
精神の自己主張
――ティリヒ＝クローナー往復書簡 1942-1964

2014年11月15日　初版第一刷発行

本体2200円＋税――――定価

フリードリヒ・ヴィルヘルム・グラーフ/アルフ・クリストファーセン――――編者

茂牧人・深井智朗・宮崎直美――――訳者

西谷能英――――発行者

株式会社　未來社――――発行所

東京都文京区小石川3－7－2
振替 00170-3-87385
電話(03)3814-5521
http://www.miraisha.co.jp/
Email:info@miraisha.co.jp

萩原印刷――――印刷

ISBN 978-4-624-93444-6 C0314

未紹介の名著や読み直される古典を、ハンディな判で

［消費税別］

シリーズ❖転換期を読む

3　ルネサンス哲学──付：イタリア紀行
ミルチア・エリアーデ著◉石井忠厚訳◉一八〇〇円

15　音楽の詩学
イーゴリ・ストラヴィンスキー著◉笠羽映子訳・解説◉一八〇〇円

16　私の人生の年代記　ストラヴィンスキー自伝
イーゴリ・ストラヴィンスキー著◉笠羽映子訳・解説◉二二〇〇円

本書の関連書

［消費税別］

＊ガーダマー自伝──哲学修業時代
ハンス＝ゲオルク・ガーダマー著◉中村志朗訳◉三五〇〇円

＊ドイツ観念論からヘーゲルへ
栗原隆著◉三八〇〇円

＊私の宗教──ヘレン・ケラー、スウェーデンボルグを語る《決定版》
ヘレン・ケラー著◉高橋和夫・鳥田恵訳◉一八〇〇円